定期テスト対策　高校入

改訂版

中学地理

が面白いほどわかる本

河合塾Wings講師
笹原　卓哉

＊この本には「赤色チェックシート」がついています。

　「社会の勉強＝暗記」と思っている人が多いのではないでしょうか。社会の授業を担当していると、「こんなにたくさん覚えられないよ！」「どうやったら、こんなにたくさんのことを覚えられるの？」といった声を耳にします。たしかに、社会の勉強では覚えることが他教科にくらべて多いかもしれません。しかし、多くの知識が必要だからこそ、丸暗記では歯が立たないのです。

　考えてもみてください。あなたの周りに、社会が得意という人がいるでしょう。その人は、あなたが苦戦している大量の用語や統計を丸暗記していると思いますか？　あなたにできないなら、ほとんどの人にもできないのです。つまり、**社会が得意な人はできるだけ丸暗記をしていない**のです。意味もわからずに丸暗記した知識は忘れやすく、入試のための勉強などでは、太刀打ちできない場合がほとんどです。社会の学習で、丸暗記はあくまでもベースとなる知識を覚える手段、もしくは最終手段（奥の手）と考えましょう。

　では、丸暗記せずに地理の学習をどのように進めればいいのか、ポイントを紹介していきます。

1 毎日のように触れる

　丸暗記するしかないような項目は、とにかく毎日のように触れることでカバーしましょう。

　学校の友だちの名前を忘れてしまうということはないですよね？　毎日のように触れていれば社会の用語も覚えられますし、忘れなくなります。**ポイントは "くり返し"** です。

2 知っていることから関連する内容を覚える

　地理に関して何も知らない、地理の知識がゼロという人はいないでしょう。たとえば、自分が住んでいる都道府県の場所を知らない人はいませんね？　そういった、今持っている知識をベースにして広げていけばいいのです。私が千葉県出身なので千葉を例にとりますが、「千葉の北には茨城県がある」「その隣は祖母が住んでいる栃木県」「その隣は群馬県」というように、自分がすでに**知っている知識から派生させて広げていくことで、知識量は格段に増えます**し、忘れにくくなります。

❸ 因果関係や意味を理解する

　　ただがむしゃらに丸暗記するのではなく、しっかりと因果関係や用語の意味を理解することで、忘れにくくなります。

　　たとえば、小麦の生産量について勉強しているとしましょう。「小麦の生産量の１位は中国、２位はインド」という内容を丸暗記するのではなく、「人口の多い中国・インドでは、主食となる穀物の生産量が多い」という理由がつくと覚えやすくなりませんか？　米の生産量も中国が１位でインドが２位ということを関連づけておくと、さらに忘れにくくなります。

❹ 覚えているかのチェックをくり返す

　　理解できたら、学習の仕上げとして本当に覚えられているか、自分で正しく書けるかのチェックをしましょう。**覚えていないところを発見したら、関連事項も含めてもう１回学習しましょう。**これにより、知識が定着していきます。とくに**漢字には要注意**です。入試問題でも定期試験でも“漢字指定”という出題が少なくありません。漢字に関しては書けるつもりになっているけれどじつは書けない、ということもあります。面倒くさがらずに書いて確認する作業が必要です。

以上の４つの点に注意しながら、本書を読んでみてください。

最後に、本書の使い方の面でひとつアドバイスをします。

受験生はできるだけ最初から最後まで、通しで読んでください。通して読んだあとには、苦手な単元などを重点的に学習するのも効果的です。受験生でなく、定期試験や塾などのテスト対策として本書を手にしている人は、テスト範囲ごとの学習で構いません。本書はどちらの使い方もできるように構成されています。

自分の知っている事柄がなぜそうなっているのか、その背景を知ることや、ほかの事項との関連性を知ることは、非常におもしろいことです。スッキリと理解できて、「**なるほど！**」と思える瞬間は気持ちのいいものです。みなさんの「**なるほど！**」をたくさん引き出すことを目標に、本書を執筆しました。

では、本書を楽しみながら読んでもらえることを願っています。

ささはらたくや
笹原卓哉

この本は「中学地理」の内容をわかりやすく説明しており、因果関係や意味を理解することでリアルな情報として知識が身につきます。丸暗記でない地理の勉強ができるように工夫してあります。

テーマ 3 国家・宗教・くらし

イントロダクション

◆ 国家とは ⇒ 国や国の範囲の定義を確認しよう
◆ 世界の三大宗教 ⇒ おもな宗教の分布はとくに重要
◆ 世界各地の住居と衣服 ⇒ 住居と地域を対応できるようにしよう！

まず、各テーマの最初にある「イントロダクション」で、どんなことを学ぶのか、理解すべきポイントなどを、ざっくりとつかんでおきましょう。

国家とは

日ごろから国や国家という言葉はよく口にするし、よく見かけるよね。ところで、国家を成り立たせる条件があることは知っているかな？

国家の条件は①国民がいること、②領土などの領域を持っていること、③主権（政治のあり方を最終的に決める権利）があること。

これらを**国家の三要素（国民・領土・主権）**というよ。

領域とはなんですか？　領土以外には何がありますか？

領域とは領土、領海、領空のことを指すんだ。領海は、主権が及ぶ範囲で、沿岸から12海里までと決められている。領空は領土と領海の上空のことをいう。

また、沿岸から200海里までの範囲を（排他的）経済水域といって、漁業や水産資源の開発などの優先権が認められている。

沿岸から200海里以上離れた範囲は公海といって、どの国にも属さない海と規定されているよ。

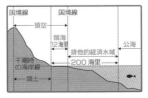

各テーマの解説は、まるで授業を聞いているかのような、わかりやすい内容になっています。みなさんが抱きやすい疑問については、生徒のキャラクターが質問してくれます。重要語句は赤字になっているので、赤シートでかくしてチェックすることもできます。また、各テーマの終わりに「ポイント整理」で大事なことをまとめています。

ここで、おもな先住民族を紹介。
北アメリカ大陸の先住民をネイティブアメリカン（インディアン）、南アメリカ大陸の先住民はインディオ（インディヘナ）と呼ぶ。オーストラリアの先住民をアボリジニー、ニュージーランドの先住民はマオリという。先ほど紹介したアラスカの先住民であるイヌイットも含めて、しっかり覚えておこう。

「知っていますか？」のコーナーでは、まぎらわしい用語などがしっかり区別できるように、わかりやすく解説しています。合わせて、「少しくわしく」「ゴロあわせ」も確認しましょう。

テーマの終わりなど、必要な場所に「地図でまとめよう」「入試頻出！」「この国に注目」のページがあります。図や表を見ながら、重要事項を覚えることができます。

日本の世界遺産①

ユネスコ（UNESCO／国連教育科学文化機関）が認定する世界遺産。遺産に関しては、世界遺産とその所在地を把握することが肝心。文化遺産としては歴史の問題にも出てくることが多いので、歴史のポイントもいっしょにまとめておくよ。しっかり確認していこう！

[姫路城]

[厳島神社]

[合掌造り]

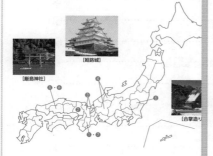

■世界文化遺産
❶法隆寺地域の仏教建造物 [奈良県]
法隆寺は**現存する世界最古の木造建築**として有名。

> 法隆寺を建立した聖徳太子は、初の女帝である推古天皇の摂政として飛鳥時代に政治をおこなった人物。冠位十二階の制や憲法十七条を定め、小野妹子を遣隋使として派遣し、対等外交を主張した。

❷姫路城 [兵庫県]
[白鷺城] と称される姫路城は、白く美しいのが特徴。

入試頻出！ 野菜・果物生産量トップ3

農作物の産地は非常によく出題されるよ。とくに出題頻度の高いものは赤字で記載しているので、しっかり暗記してほしい。野菜、果物以外もまとめておくよ。特徴的な農法については次のテーマ15でくわしく紹介するよ。

果物	1位	2位	3位
みかん	和歌山	静岡	愛媛
日本なし	千葉	茨城	栃木
西洋なし	山形	青森	新潟
ぶどう	山梨	長野	山形
もも	山梨	福島	長野
りんご	青森	長野	岩手
おうとう（さくらんぼ）	山形	山梨	−
柿	和歌山	奈良	福岡
梅	和歌山	群馬	−
びわ	長崎	千葉	鹿児島
野菜	1位	2位	3位
ねぎ	千葉	埼玉	茨城
ほうれんそう	千葉	埼玉	群馬
キャベツ	群馬	愛知	千葉
はくさい	茨城	長野	−
レタス	長野	茨城	群馬
だいこん	北海道	千葉	青森
にんじん	北海道	千葉	徳島
たまねぎ	北海道	佐賀	兵庫
かぼちゃ	北海道	鹿児島	−
きゅうり	宮崎	群馬	埼玉
なす	高知	熊本	群馬

【みかん】
静岡が3位の年も多い

【日本なし】
鳥取がランクインすることもあるよ。

【ねぎ、ほうれんそう】
近郊農業の代表である千葉・埼玉・茨城がランクイン！

【キャベツ、はくさい、レタス】高冷地農業をおこなう長野・群馬がランクイン！

【きゅうり、なす】
促成栽培をおこなう宮崎・高知がランクイン！

「丸暗記ではなく、楽しみながら」の勉強で、地理の点数がぐんぐんUP !!

改訂版
中学地理が面白いほどわかる本

も く じ

第 1 部　世界地理

第 1 章　世界のすがた

第 2 章　世界の諸地域

第 2 部　日本地理

第 3 章　日本の特色と世界とのつながり

本文イラスト(顔アイコン)：けーしん
本文イラスト：岡田真一、佐藤百合子(38 ページ)
本文デザイン：田中真琴(タナカデザイン)
校正：エデュ・プラニング、鷗来堂
組版：ニッタプリントサービス

第1部

世界地理

第1章

世界のすがた

世界のすがた

テーマ **1** 地球儀と世界地図

┣┫ イントロダクション ┣┫

◆ 地 球 儀 ➡ 世界の全体像をつかもう
◆ 緯度と経度 ➡ 緯度と経度の基準となる赤道や本初子午線も入試頻出
◆ 図 法 ➡ それぞれの図法の違いをしっかり理解しよう
◆ 時差の計算 ➡ 時差の頻出 3 パターンを攻略するぞ！

◤ 地 球 儀

　球形である地球を縮小し、球形のままに表記するため、**地球儀は面積・方位・角度を正しく表している**よ。地球儀を見ると、いろいろなことがわかる。地理を得意にするカギは、地球儀や地図帳をよく見ることだよ。

　さっそく、下の図を見てみよう。

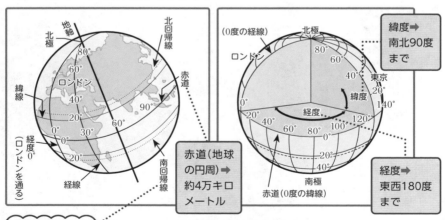

緯度➡
南北90度
まで

赤道（地球
の円周）➡
約4万キロ
メートル

経度➡
東西180度
まで

図表のポイント

回帰線
とは（かいきせん）

北回帰線は北緯約 23 度、南回帰線は南緯約 23 度の地点を結んだ線。
（約 23 度というのは地軸の傾きと同じ）
北回帰線上では夏至（6 月 21 日ごろ）のときに、南回帰線上では冬至（12 月 22 日ごろ）のときに太陽が真上に位置する。

緯度・経度

地球上での位置を示すために用いるのが緯度と経度。緯度は赤道を基準にした南北の位置を表し、経度は本初子午線を基準に東西の位置を示したものなんだ。緯度や経度が同じ点を結んだ線を緯線／経線という。**緯線が横で経線が縦**ということを、しっかりと区別しよう！

ロンドン（イギリスの首都）の旧グリニッジ天文台を通る線を本初子午線として、経度の基準とした。本初子午線を地図中で探せるように、イギリスを通ることを覚えておこう。同様に、赤道の位置も重要なので、以下の地図で確認しよう。

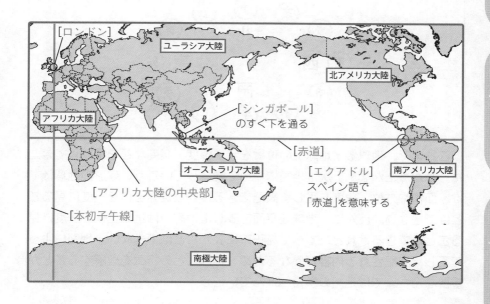

北緯66.6度以上、南緯66.6度以上の地域では、太陽が一日中完全には沈まない期間があるんだ。これを白夜というよ。逆に、一日中太陽が昇らない期間もあり、こちらは極夜というよ。

「ヨコ(横)イ(緯)・ケイ(経)タ(縦)君」

赤道に平行な横の線を「緯線」、北極と南極を結ぶ縦の線を「経線」という。緯線と経線をしっかり区別しよう。

少し くわしく 「子午線」とは？

日本ではもともと方位を表すのに十二支を利用していた。北を表す「子」と南を表す「午」を結ぶ線というのが「子午線」の由来。「子・丑・寅・卯・辰・巳・午・未・申・酉・戌・亥」を時計の要領で円形に配置してみよう。「子」と「午」をつなげると、縦の線になるよね。経線＝子午線＝縦の線というのを覚えておこう。なお、本初子午線の「本初」には「初めての」や「手本となる」という意味がある。

これまで、地球儀と地球上の位置を示す緯度・経度などを学習してきたね。わかったかな？　次は地図について学習していこう。球形の地球儀では、面積や方位、角度を正しく表記できるけれど世界全体を一度に見ることはできない。反対に、地球を平面で表した地図では世界全体を一度に見ることはできるけれど、すべてを正確に表すことはできない。地図によって正しく表記される内容が異なるため、地図ごとの特徴を理解することが重要なんだ。では地図の学習へ進んでいこう。

メルカトル図法

次のページの地図を見てみよう。この地図は見慣れているのではないかな。この地図はメルカトル図法といって、緯線と経線が直交するのが特徴だよ。地球の表面でも緯線と経線は直角に交わっていて、同じように緯線と経線が直角に交わるように地図に表したのがメルカトル図法なんだ。角度を正しくしたメルカトル図法は、おもに航海図として利用されるよ。

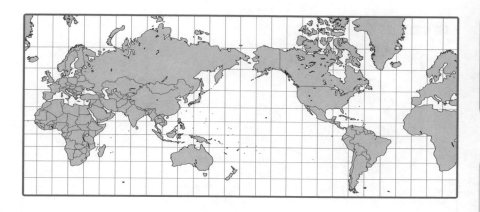

メルカトル図法では、
角度以外も正しいんですか？

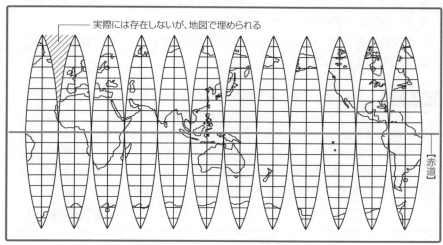

実際には存在しないが、地図で埋められる

[赤道]

　いい質問だね。メルカトル図法では、面積と距離、方位が正しく表記できないんだ。上の図を見てごらん。地球の表面をはがして、緯線と経線が直角に交わるように配置したと考えられるのがメルカトル図法なんだ。

　だから、赤道直下以外の面積や距離は正しく表されない。**赤道から離れれば離れるほど、実際よりも大きく描かれることになる**。そこで、こんな問題がよく出題されているよ。

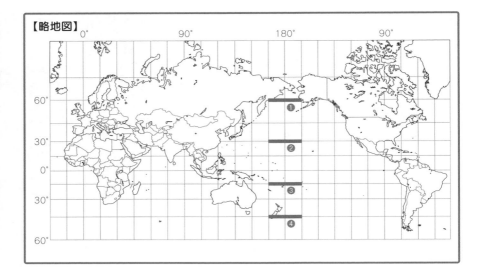

【略地図】

問　題　上の略地図中に❶から❹で示した線は地図上では同じ長さですが、地球上での距離（きょり）はそれぞれ異なっています。

　❶から❹のうち、地球上での距離がもっとも短いものはどれか、1つ選び記号で答えなさい。

解　説　地図を確認すると緯線（いせん）と経線（けいせん）が直交しているため、メルカトル図法の地図であることがわかるね。そこで、メルカトル図法の特徴を思い出そう！　メルカトル図法は赤道から遠い高緯度地域ほど実際よりも面積が大きく表される。つまり、上の地図上で同じ長さということは、赤道（緯度0度）にもっとも近い❸がもっとも長く、反対に、赤道からもっとも遠い❶が実際にはもっとも短いということ。ちなみに、緯度0度の記載がなくても、赤道は見つけられるようにしようね。

答　え　❶

正距方位図法

続いて、正距方位図法について勉強していこう。

まず漢字に注目してみよう！　正距方位図法がどのようなものか見当がつくかな？

まちがえないよう注意
距○　距✕

「正しい」「距離」と「方位」の図法というふうに読めます！

そのとおり！

正距方位図法は距離と方位が正しい図法なんだ。面積や角度は正しくないが、距離と方位が正しい図法ということだね。ただし、**地図の中心からの距離と方位が正しい**という点に注意しよう。中心でない2点間では距離も方位も正しくない。正誤問題などで出題されることもあるから、まちがえないように。また、正距方位図法は航空図としても利用されることも覚えておこう。

では、実際に正距方位図法（次のページ）を見てみよう。正距方位図法は中心から離れれば離れるほど形がゆがんでしまうため、慣れていない人は中心から順に考えていくことをお勧めするよ。

たとえば、次ページの地図で、Bの大陸名を答えるならAの北アメリカ大陸から考えて、北アメリカ大陸と隣接する大陸として南アメリカ大陸と考えるんだ。難しく感じたら中心から順に決めていくようにしよう。六大陸を確認しながら、正距方位図法に慣れていこう。

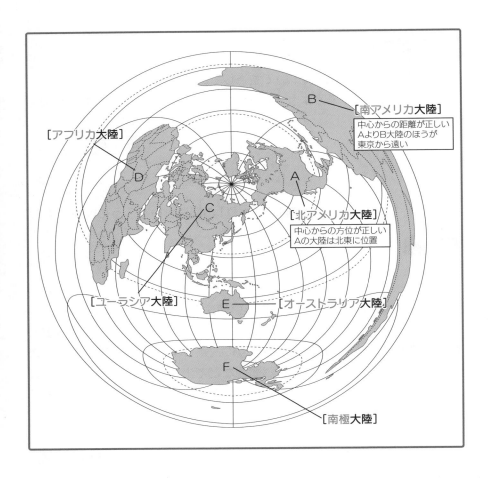

[南アメリカ**大陸**]

中心からの距離が正しい
AよりB大陸のほうが
東京から遠い

[アフリカ**大陸**]

[北アメリカ**大陸**]

中心からの方位が正しい
Aの大陸は北東に位置

[ユーラシア**大陸**]

[オーストラリア**大陸**]

[南極**大陸**]

少し くわしく

正距方位図法の円周

　上の正距方位図法の円周部分に注目しよう。正距方位図法で世界全体が描かれている場合、中心からもっとも遠い地点である円周部分は中心地点の真裏ということになる。地球の円周は約4万キロメートルだから、中心地点から円周までの距離は約2万キロメートルということになる。

モルワイデ図法

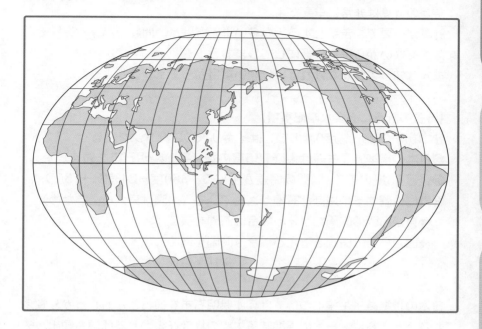

　経線は楕円曲線で描かれ、緯線は平行な直線で表される**モルワイデ図法は面積が正しい図法**。赤道から遠い高緯度地域ほど、形がゆがんでしまうのが弱点だよ。

　メルカトル図法と見くらべると、メルカトル図法の「赤道から離れるほど面積や距離が実際より大きく記載される」という特徴が確認できるよ。13ページのメルカトル図法の地図とくらべてみよう。高緯度のところほど、大きさに違いがあるよね。

時差の計算

時差の計算は非常に重要だよ。

計算が必要で、苦手とする人も多い単元だけど、問題のパターンはそんなに多くないから得意分野にしてしまおう！

まずは知っておかなければいけない項目からチェックしよう。

【時差の計算に必要な暗記事項】

❶本初子午線（経度0度の線）はイギリスのロンドンを通る

❷日本の標準時子午線は東経135度の線（兵庫県明石市を通る）

❸経度15度の差で1時間の時差が生じる（360度÷24時間→15度）

❹東に位置する地域ほど時間が進んでいる（太陽は東から上るため）

➡東から西の時間を考える場合は時間を戻す

➡西から東の時間を考える場合は時間を進める

日本の標準時子午線については兵庫県明石市を通ることもしっかり覚えておこう。さらに、日本の標準時子午線の経度を書かせる問題も頻出。そのさいに「東経」を書き忘れないようにしよう。135度しか書かないと「東経」か「西経」かがわからないため、不正解になってしまうので要注意！

では、次ページの時差の計算問題にチャレンジしてみよう。

少し 〈わしく

📖「サマータイム」とは？

サマータイムとは、標準時よりも1時間時刻を早めた夏時間のこと。省エネルギーを目的として多く採用されている。

現在では日照時間の長い欧米諸国を中心に採用されている。時差の計算問題では「サマータイムは考慮しない」とする入試問題が多いが、サマータイムを考慮する問題では、標準時よりも1時間進んでいることに注意して計算する必要がある。

時差の計算問題パターンⅠ

Q. 日本が12月16日の午後1時のとき、イギリスは何月何日の何時か。

（考え方）

日本の標準時は東経135度。イギリスは本初子午線が通る国だから経度は0度。経度の差は東経135度－0度＝135度となる。経度15度の差で1時間の時差だから、135度÷15度＝9 となる。よって時差は9時間とわかる。東経135度の日本のほうが東に位置しているため、9時間の時差を戻せばいい。

答え……**12月16日午前4時**（午前・午後を書き忘れないように注意！）

時差の計算問題パターンⅡ

Q. 日本が12月16日の午後1時のとき、ニューヨーク（西経およそ75度）は何月何日の何時か。

（考え方）

ポイントは**経度0度の地点に戻って時差の計算をすること**。日付変更線を越えるよりも単純に時差の計算ができて、ミスを減らせるよ。

『東経135度から経度0度までの時差』

135度÷15度＝9時間　　　《経度0度の地点に戻って時差の計算をしよう》

『経度0度から西経75度までの時差』

75度÷15度＝5時間

合わせて、時差は14時間となる。

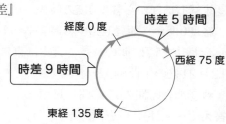

東にある地域のほうが、時刻が進んでいるため、14時間の時差を戻す。
答え……**12月15日午後11時**

Q. ロサンゼルス国際空港（西経およそ120度）を12月20日午後3時に出発し、12時間後に成田国際空港に到着した。成田国際空港に到着したのは日本時間で何月何日の何時か答えなさい。

（考え方）

	ロサンゼルス国際空港	成田国際空港
ロサンゼルスの時間	12月20日　午後3時	①
日本の時間	②	③

　航空機に乗る時差の問題は計算が2回必要になるため、今までの問題よりも複雑になる。上の表のように整理して混乱しないように工夫しよう。

【解法1：飛行時間の足し算が先（①➡③の順に計算）】

①12月20日の午後3時の12時間後に到着するので、12月21日の午前3時。

　➡③東経135度から経度0度の時差……135÷15＝9（時間）

　　　経度0度から西経120度の時差……120÷15＝8（時間）

　合わせて17時間の時差。東に位置する日本の時間を求めるので、①から17時間を進めればいい。

答え……12月21日午後8時

【解法2：時差の計算が先（②➡③の順に計算）】

②東経135度から経度0度の時差……135÷15＝9（時間）

　経度0度から西経120度の時差……120÷15＝8（時間）

　合わせて17時間の時差。日本は東に位置するため、時間を進めて、12月21日の午前8時となる。

　➡③飛行時間の12時間を足す。

答え……12月21日午後8時

「二・四・六・九・士」は小の月

　十一を縦に並べたような「士」を"さむらい"と読んで、小の月（31日がない月）を覚えるゴロあわせが有名だよ。時差の問題で必要になることがあるので把握しておこう。

テーマ1　地球儀と世界地図のポイント

ポイント整理

● **地球儀**

北極と南極を結ぶ縦の線……**経線**

経度0度の線は**本初子午線**で、イギリスを通る

赤道に平行な横の線……**緯線**

緯度0度の**赤道**の目印はエクアドル、シンガポール、アフリカ大陸の中央部

● **図法の特徴**

	正しい内容	おもな地図の利用
メルカトル図法	角度	航海図
正距方位図法	距離・方位	航空図
モルワイデ図法	面積	分布図

● **時差の計算に必要な知識**

① イギリスは経度0度（本初子午線が通る）

② 日本の標準時は**東経135度**が基準

③ 経度15度の差で1時間の時差

④ 東の国のほうが、時間が進んでいる

2 世界の様子・気候

テーマ

イントロダクション

◆ 六大陸・三海洋 ➡ 大陸と海洋の名称と位置を把握しよう
◆ 面積の大きな国・人口の多い国 ➡ 面積・人口のランキングを紹介
◆ 気候区分ごとの特徴 ➡ 世界の気候の全体像と気候区分の特徴を知ろう
◆ 雨温図の読み取り ➡ 雨温図は入試頻出！ 世界各地の雨温図をチェック

六大陸と三海洋

　世界には6つの大陸と3つの海洋がある。それぞれの位置や名称を確認しよう。

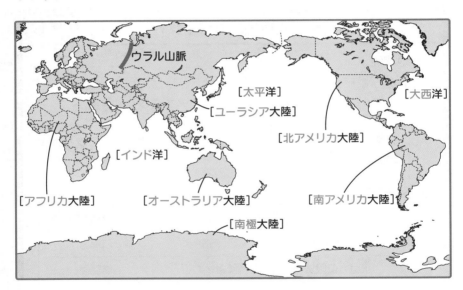

　六大陸の位置は確認できたかな？　六大陸を答えるとき、南極大陸を忘れがちなので、注意しよう。ちなみに、北極は大きな氷が浮かんでいるだけで大陸は存在しないため、六大陸には含まれない。

海洋はおもに太平洋、大西洋、インド洋の3つがある。日本海や地中海のように、ほかにも海はたくさんあるけど、海洋と呼ばれるものはおもに三海洋だと覚えておこう。そのなかでも**最大の海洋が太平洋**。

そして、**大陸で最大なのはユーラシア大陸**。アジア州とヨーロッパ州を含む大きな大陸なんだ。

日本はユーラシア大陸の東に位置していて、太平洋とユーラシア大陸に挟まれているよ。

> アジア、ヨーロッパはよく耳にするけれど、
> ほかにも州はあるんですか？

では、州に関してまとめよう。六大陸のほかに六州という世界の国々の区分のしかたがある。六大陸と六州のおよその位置関係をまとめてみよう。

六大陸	六州	主要な国々
ユーラシア大陸	アジア州	中国・インド・韓国・日本など
	ヨーロッパ州	ドイツ・フランス・イギリス・ポルトガルなど
北アメリカ大陸	北アメリカ州	アメリカ合衆国・カナダ・メキシコなど
南アメリカ大陸	南アメリカ州	ブラジル・アルゼンチン・チリ・コロンビアなど
オーストラリア大陸	オセアニア州	オーストラリア・ニュージーランドなど
アフリカ大陸	アフリカ州	エジプト・南アフリカ共和国・ナイジェリアなど
南極大陸	なし	なし

前述のように、ユーラシア大陸はアジア州とヨーロッパ州に分かれる。境となっているのはロシア連邦にある**ウラル山脈**という南北にのびる山脈。ウラル山脈より東側をアジア、ウラル山脈より西側をヨーロッパというように区分している。上の表「主要な国々」の位置がわからない場合は、場所を確認して覚える必要があるよ。

面積の大きな国・人口の多い国

続いて、面積の大きな国と、人口の多い国をランキング形式で紹介していこう。

【面積の大きな国】

順位	国名	日本の国土面積との比較	所在する六大陸
1 位	ロシア連邦	約 45 倍	ユーラシア大陸
2 位	カナダ	約 26 倍	北アメリカ大陸
3 位	アメリカ合衆国	約 25 倍	北アメリカ大陸
4 位	中国	約 25 倍	ユーラシア大陸
5 位	ブラジル	約 23 倍	南アメリカ大陸
6 位	オーストラリア	約 20 倍	オーストラリア大陸
7 位	インド	約 9 倍	ユーラシア大陸
8 位	アルゼンチン	約 7 倍	南アメリカ大陸

日本の面積は約37.8万km^{2}で、面積の大きさランキングでは61位となっているよ。日本は面積の小さい国というイメージがあるかもしれないけれど、193か国が国際連合に加盟していることを考えると、日本の国土面積は他国にくらべて小さいわけではないことがわかるね。

ちなみに、世界最小の国はイタリアのローマ市内にあるバチカン市国だよ。

では、続いて人口のランキングを確認しよう。

【人口の多い国】

順位	国名	人口（千人）	所在する六州
1位	中国	1,433,784	アジア
2位	インド	1,366,418	アジア
3位	アメリカ合衆国	329,065	北アメリカ
4位	インドネシア	270,626	アジア
5位	パキスタン	216,565	アジア
6位	ブラジル	211,050	南アメリカ
7位	ナイジェリア	200,964	アフリカ
8位	バングラデシュ	163,046	アジア
9位	ロシア連邦	145,872	アジア・ヨーロッパ
10位	メキシコ	127,576	北アメリカ
11位	日本	126,860	アジア

（『世界国勢図会2019/20』より作成）

　人口の1位は中国で、2位がインド。人口が非常に多いため、主食となる米・小麦の生産量と人口の順位が同じになっているよ（次ページ参照）。次ページの表は人口の上位5位と米、小麦の生産量が多い上位5位を並べたものだよ。

少し くわしく　人口の多い州

　世界全体の人口は約70億人といわれていて、そのうちの約60％がアジアに集中している。人口増加の著しい地域はアジア州とアフリカ州。おもに発展途上国で急激に人口が増えている。このような急激な人口増加を「人口爆発」という。

	人 口		米の生産量		小麦の生産量
1位	中国		中国		中国
2位	インド		インド		インド
3位	アメリカ合衆国		インドネシア		ロシア連邦
4位	インドネシア		バングラデシュ		アメリカ合衆国
5位	パキスタン		ベトナム		フランス

（『世界国勢図会2019/20』より作成）

　上の表を見ると中国の米・小麦の生産量は非常に多い。でも、人口が多いため、生産量の多くを国内で消費してしまうので、輸出はさかんではない。**米の輸出はタイやインドで多く、小麦の輸出はロシア連邦が世界1位、アメリカ合衆国が2位**となっているよ。

	米の輸出量		小麦の輸出量
1位	タイ		ロシア連邦
2位	インド		アメリカ合衆国
3位	ベトナム		カナダ
4位	パキスタン		フランス
5位	アメリカ合衆国		オーストラリア

（『世界国勢図会2019/20』より作成）

　もうひとつ、重要なことを確認しよう。米の生産量上位5位をチェックすると、すべてアジアの国々だとわかるね。これには気候が大きく関係しているよ。稲作には夏の気温上昇と年間1000mm以上の降水量が必要といわれているけれど、世界の平均降水量は1000mmに満たないので、稲作が可能な地域は限られているんだ。夏に気温が上がり、降水量も豊富な地域が多い**アジアでは、稲作がさかんにおこなわれている**んだ。

　ちなみに、日本の平均降水量は約1750mm。稲作に適した国といえる。小麦の栽培には降水量をそれほど多く必要としないため、小麦を栽培できる国や地域は多い。**小麦の栽培には比較的冷涼な気候が適している**ことも覚えておこう。

気候区分ごとの特徴

　気候に関する出題は非常に多いので、しっかりと理解してほしい。世界の気候を理解するうえで、まずおさえてほしいのが、赤道から気候帯を考えること。

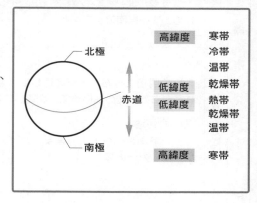

　赤道の付近が熱帯で、**緯度が高くなる（赤道から離れる）につれて**

$$\text{熱帯} \Rightarrow \text{乾燥帯} \Rightarrow \text{温帯} \Rightarrow \text{冷帯} \Rightarrow \text{寒帯}$$

という順に分布することが多い（冷帯は北半球のみに分布し、南半球では冷帯にあたる地域はない）。

　では、熱帯から順に気候帯ごとの特徴を確認してみよう。気候帯の特徴といっしょに雨温図もチェックしてほしい。

　ちなみに、雨温図の折れ線グラフは月別の平均気温を、棒グラフは月ごとの降水量を示しているよ。雨温図の読み取りも入試頻出。次のページでくわしく紹介するよ。

【気候帯ごとの特徴をチェック！】

気候帯		特徴・おもな地域	雨温図
熱帯	熱帯雨林気候	赤道直下に分布。**一年を通して高温多湿**。季節の区分もない。常緑広葉樹が発達し、酸素の供給に大きく影響する。 おもな地域 　ブラジル北部、シンガポール、インドネシアを始めとする東南アジアなど	
	サバナ気候	赤道の周辺に分布。**一年を通して高温で、雨季と乾季がある。** 丈の高い草原が発達している。 おもな地域 　インド南部、ベトナム南部、タイ、コートジボワール、ガーナなど	
乾燥帯	砂漠気候	南北回帰線の周辺に多く見られる。**一年を通して降水量が非常に少ない。** 水源のあるオアシスを除いて植物は育たない。 おもな地域 　アフリカ北部のサハラ砂漠、サウジアラビア、オーストラリアの内陸部など	
	ステップ気候	砂漠気候の周辺に分布。**少しだけ雨が降り、短い草が生える。** おもな地域 　オーストラリアの砂漠の周辺、北アメリカ中部に位置するグレートプレーンズ、アルゼンチン中部など	

気候帯		特徴・おもな地域	雨温図
温帯	地中海性気候	**夏は高温で乾燥し、冬は温暖で降水量は夏にくらべて多い。** おもな地域 イタリア、ギリシャ、フランス南部などの地中海沿岸、アメリカ西海岸（サンフランシスコ）など	
	温暖湿潤気候	**季節風（モンスーン）の影響を強く受けた気候。四季の区分がはっきりしている。夏は高温多湿、冬は低温で乾燥する。** おもな地域 アジアの東岸、北海道を除く日本列島、アメリカ合衆国の東部、南アメリカの南東部など	
	西岸海洋性気候	西ヨーロッパを代表とする、**夏は涼しく冬は暖かい気候。気温の年較差※が小さい。** おもな地域 イギリス、フランス北部などの西ヨーロッパ、ニュージーランドなど	
冷帯（亜寒帯）		北半球の中緯度から高緯度地域に分布している。**気温の年較差が大きく、冬の平均気温は氷点下となる。**冷帯の地域では針葉樹林が見られ、ロシア連邦やカナダの針葉樹林は**タイガ**と呼ばれる。 おもな地域 ロシア連邦、カナダ、北海道など	

※年較差……一年間での、月の平均気温の最高気温と最低気温の差のこと。

気候帯		特徴・おもな地域	雨温図
寒帯	ツンドラ気候	一年のうち、多くの月で気温が氷点下となる。短い夏の間だけ、地表表面の氷がとけてコケ類が生育する。気温が低いため、草木は育たない。 おもな地域 　ロシア連邦北部、北アメリカ大陸北部、グリーンランドの沿岸など	
	氷雪気候	一年を通して気温が0度を下回り、植物はまったく育たない。人が生活するのには適さない気候。 おもな地域 　南極大陸の大部分、グリーンランドの内陸など	 降水量は測定不可能
高山気候		標高の高いところでみられる気候。標高が高いため、同緯度の地域にくらべて気温が低い。気温の日較差※は大きく、年較差は小さい。 おもな地域 　アンデス山脈（南アメリカ大陸西部）、チベット高原（中国西部）など	

> チベットのラサの雨温図を載せたが、ほかの同緯度地域よりも冷涼というのが特徴なので、雨温図だけを見て高山気候とわかるわけではない。

※日較差……一日のなかでの最高気温と最低気温の差のこと。

気候区分ごとの特徴は整理できたかな。

続いて、気候に大きく影響している偏西風と季節風に関して説明しよう。

まずは、季節風（モンスーン）。季節風とは大陸と海洋の温度差によって吹く風のこと。**季節によって風向きが変わる**。最大の大陸であるユーラシア大陸と最大の海洋である太平洋の温度差によって吹く季節風は、もっとも影響が大きくなる。季節風の影響をもっとも強く受けている地域はアジアということになるよ。**アジアの多くの地域では、夏に南西の風が太平洋上空を通って吹きやすいため、雨が多くなる**。夏の気温上昇と水分を必要とする**稲作に適した気候**になっているんだ。

次に、偏西風。偏西風とは地球の上空を年中吹いている西風。中緯度地域で偏西風が強く吹く。天気予報などで「天気は西から東に変わる」と聞いたことはないかな？　これは、偏西風の影響で雲が西から東に動くことが関係しているんだ。

西岸海洋性気候の典型である西ヨーロッパは、高緯度のわりに気温が高く過ごしやすい。冷帯である北海道よりも緯度が高いのに、温帯となっている。これは暖流である北大西洋海流の上空を西から偏西風が吹くためなんだ。海流の向きや偏西風の風向きも含めて、しっかり覚えよう！

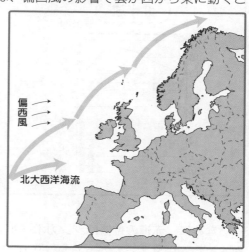

少し ぐわしく

📖 貿易風（ぼうえきふう）

　赤道に向かって吹く風。北半球では北東の風、南半球では南東の風が吹く。貿易風が吹くのは緯度がおよそ30度までの範囲となる。貿易風は偏西風と同じく年中吹いている風（恒常風）である。

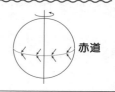

　雨温図とは、月ごとの平均気温を折れ線グラフで、月ごとの降水量を棒グラフで示したもの。雨温図とその雨温図が表す地域を対応させる問題が入試頻出テーマになっているよ。

　雨温図の読み取りについては、まず北半球と南半球に分けて考えることが重要。北半球と南半球では季節が反対になっているため、平均気温を示す折れ線グラフの凹凸が反対になるんだ。**北半球は山型、南半球は谷型になる。**

　赤道に着目して北半球と南半球に分けて考えるようにしよう。

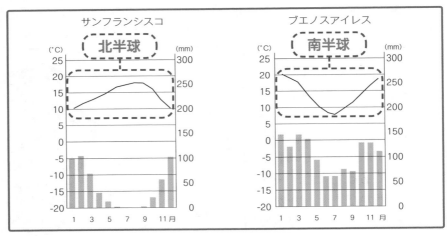

　ちなみに、赤道の位置はシンガポール、エクアドル、アフリカ大陸中央部をヒントに考えるんだったね。忘れてしまった人はテーマ1を復習しよう。あとは、これまでに紹介した気候の特徴を考えて答えを決めていけばいい。

　では、具体的な問題を紹介していくよ。

例題Ⅰ 次の地図中の❶〜❹の地域の雨温図を、P〜Sのうちからそれぞれ選びなさい。

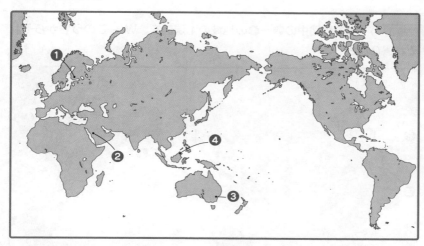

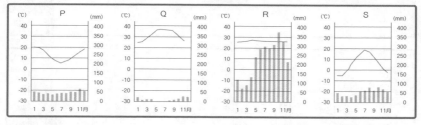

解 説 北半球と南半球に分ける。平均気温を示す折れ線グラフが谷型のPが南半球の地域を示しているとわかる。選択肢の中で、南半球は❸しかないため、Pは❸の雨温図と決まる。

Qは降水量が一年を通して非常に少ないため、砂漠気候と考えられる。サウジアラビアは砂漠気候であるため、Qは❷と決まる。

Rは一年を通して気温が高く、降水量も多いので、熱帯雨林気候とわかる。赤道にもっとも近い❹がRと対応する。

Sは平均気温が0度を下回る月が4か月ほどある。冷帯に属す地域であるため、高緯度に位置する❶がSにあてはまる。よって答えは

答 え ❶：S ❷：Q ❸：P ❹：R

もうひとつ練習してみよう！　気候帯ごとの特徴を覚えられていない場合には、気候区分ごとの特徴を復習してからトライしよう。

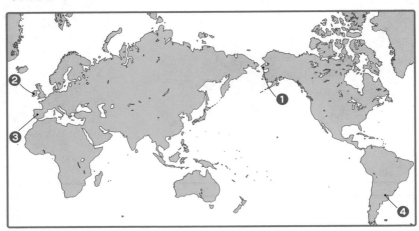

例題Ⅱ　次の地図中の❶〜❹の地域の雨温図（うおんず）を、W 〜 Z のうちからそれぞれ選びなさい。

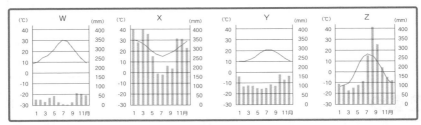

解　説　例題Ⅰと同様に、北半球と南半球に分けよう。平均気温が谷型の X は南半球の地域を示しているとわかる。

　そのほかの W・Y・Z は平均気温が山型であるため、北半球とわかる。南半球は❹しかないので、❹は X と決まる。

　W の雨温図は夏の降水量が少ない。夏に乾燥するのは地中海性気候の特徴であるため、❸にあてはまる。Y は温暖で年較差（一年のうちの寒暖差）が少ないことから西岸海洋性気候と判断でき、❷と決まる。さらに Z は平均気温が 0 度以下の月が複数あることから、冷帯気候のため、アラスカ地域の❶があてはまる。

　よって答えは

答　え　❶：Z　❷：Y　❸：W　❹：X

テーマ2　世界の様子・気候のポイント

● 六大陸・三海洋　覚えられているかチェックしよう！

六大陸	ユーラシア大陸・アフリカ大陸・オーストラリア大陸 南アメリカ大陸・北アメリカ大陸・南極大陸

三海洋	太平洋・大西洋・インド洋

● 面積の大きな国・人口の多い国

面　積

1位：ロシア連邦・2位：カナダ・3位：アメリカ合衆国・
4位：中国・5位：ブラジル・6位：オーストラリア・
7位：インド・8位：アルゼンチン

人　口　※アジア州に世界全体の約60％の人口が集中。

1位：中国・2位：インド・3位：アメリカ合衆国・
4位：インドネシア・5位：パキスタン・6位：ブラジル・
7位：ナイジェリア

● 気候区分ごとの特徴

熱帯	熱帯雨林気候	一年を通して高温多湿
	サバナ気候	一年を通して高温で、雨季と乾季がある
乾燥帯	砂漠気候	一年を通して降水量が非常に少ない
	ステップ気候	砂漠気候の周辺に分布。少しだけ雨が降る
温帯	地中海性気候	夏は高温で乾燥し、冬は温暖多雨
	温暖湿潤気候	夏は高温多湿、冬は低温で乾燥する
	西岸海洋性気候	夏は涼しく冬は暖かい気候
冷帯（亜寒帯）		気温の年較差が大きく、冬の平均気温は氷点下
寒帯	ツンドラ気候	一年のうち、多くの月で気温が氷点下
	氷雪気候	一年を通して気温が0度を下回る

※標高が高いところでは高山気候がみられるところもある。

● 雨温図の読み取り

北半球……雨温図の折れ線グラフ（平均気温）が山型
南半球……雨温図の折れ線グラフ（平均気温）が谷型
➡雨温図の気温・降水量から気候の特徴を見つけていく。

③ 国家・宗教・くらし

◆ **国家とは** ➡ **国や国の範囲の定義を確認しよう**

◆ **世界の三大宗教** ➡ **おもな宗教の分布はとくに重要**

◆ **世界各地の住居と衣服** ➡ **住居と地域を対応できるようにしよう！**

国家とは

　日ごろから国や国家という言葉はよく口にするし、よく見かけるよね。ところで、国家を成り立たせる条件があることは知っているかな？

　国家の条件は①国民がいること、②領土などの領域を持っていること、③主権（政治のあり方を最終的に決める権利）があること。

　これらを**国家の三要素（国民・領土・主権）**というよ。

> 領域とはなんですか？　領土以外には何がありますか？

　領域とは領土、領海、領空のことを指すんだ。**領海**は、主権が及ぶ範囲で、沿岸から**12海里**までと決められている。領空は領土と領海の上空のことをいう。

　また、沿岸から**200海里**までの範囲を（**排他的**）**経済水域**といって、漁業や水産資源の開発などの優先権が認められている。

　沿岸から200海里以上離れた範囲は公海といって、どの国にも属さない海と規定されているよ。

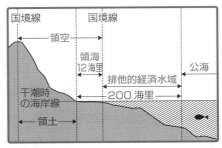

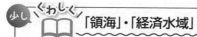 「領海」・「経済水域」

沿岸部から 12 海里までの範囲を領海、200 海里までの範囲を経済水域という。

1 海里は約 1852m のため、領海は約 22.2km で経済水域は約 370km。日本の国土面積は世界で 61 位だが、経済水域の範囲は広く、世界で 6 番目の広さを持つ。

世界の三大宗教

ここでは、世界の宗教について学習していこう。まずは世界の三大宗教である、**キリスト教**、**仏教**、**イスラム教**について次の表を確認してほしい。

宗教	開祖	聖典	その他
キリスト教	イエス＝キリスト	聖書	カトリック、プロテスタントなどに分かれる。日本には 1549 年に伝来
仏教	シャカ（釈迦）	経典	インドで誕生した仏教が中国、朝鮮半島を通って 6 世紀に日本に伝わる
イスラム教	ムハンマド（マホメット）	コーラン	聖地メッカ（サウジアラビアの都市）に向かって礼拝をおこなう習慣がある

次のページから、宗教の分布に注目していこう。

 ハラルフード

イスラム教では豚を食べることは禁じられているが、イスラム教の作法に従って処理された牛肉や鶏肉などは食すことができる。ほかにも魚や野菜、穀類などのイスラムの法にのっとった食べ物をハラルフードという。ハラルとは「合法の」「許された」などの意味がある。また、イスラム教では、ラマダンという断食月があり、断食をおこなう習慣や、金曜日にはモスクと呼ばれる礼拝所に集まっていのりをささげる習慣がある。

【宗教の分布】

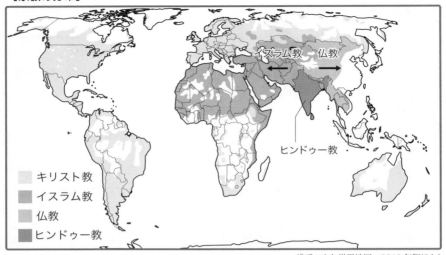

（「ディルケ世界地図」2010 年版ほか）

　世界の宗教の分布を理解するためのおすすめはインドに注目すること。先述したように、仏教はインドで誕生した。しかし、インドの身分制度にはばまれて、インドでは仏教は定着しなかったんだ。インドで広く信仰されているのは**ヒンドゥー教**。ちなみにヒンドゥー教では牛は神聖なものとされ、牛の肉は食べない。このインドを基準に世界の宗教の分布を把握しよう。

　ヒンドゥー教徒の多い「インド」より東側には仏教国が多く、西側はイスラム教を国教とする国が多い。キリスト教はヨーロッパや南北アメリカ大陸、オセアニアで広く信仰されている。アフリカ北部はイスラム教が中心になっているよ。

　およits分布はこれで完了。もっとも注意が必要なのは東南アジア。東南アジアはイスラム教中心だが、**タイ、ベトナム、カンボジアなどインドシナ半島の国は仏教国で、フィリピンはキリスト教徒が多い**ことに注意しよう。フィリピンにはスペインの植民地だった歴史があるんだ。同じく植民地だった歴史的背景を持つ国が南アメリカに多くある。スペインやポルトガルの植民地だったため、**南アメリカ大陸の多くの国ではキリスト教が広く信仰されている**よ。

　次はヨーロッパのキリスト教について少しくわしく学習しよう。

　ひと口に「キリスト教」といっても、カトリックやプロテスタント、正教会系などに分かれているんだ。入試ではとくにカトリックとプロテス

タントの分布が重要。16世紀に起こった宗教改革の影響で、プロテスタントという宗派が誕生した。宗教改革とは、ドイツ人のルターがカトリック教会が販売していた免罪符を批判したことから始まった運動だよ。免罪符とは「買えば罪が軽減される」としてカトリック教会が販売していたものなんだ。ルターはこれをキリスト教の教えに反する制度で、教会の堕落だとして批判した。ルターに賛同する人が増え、カトリックから分離して誕生したのがプロテスタント。また、ほぼ同時期にスイスでカルバンが宗教改革をおこなっている。

宗教改革により、カトリック教会は信者が減ってしまったため、海外布教に尽力するようになる。日本にキリスト教を伝えたイエズス会は、海外布教を中心に活動したカトリックの組織なんだ。日本にキリスト教を伝えたのはフランシスコ＝ザビエル（スペイン人）、同時期に鉄砲を日本に伝えたのはポルトガル人だよ。

歴史的な背景を踏まえて、キリスト教の宗派ごとに、ヨーロッパの民族、主要な国をまとめた表を確認しよう。

【ヨーロッパの宗教と民族】

宗　派	民　族	おもな国
カトリック	ラテン系民族に多い	ポルトガル、スペイン、フランス、イタリアなど地中海の周辺国に多い
プロテスタント	ゲルマン系民族に多い	ドイツ、イギリス、ノルウェーなど北ヨーロッパの国に多い
正教会	スラブ系民族に多い	ロシア連邦など

宗教に関して、概要はつかめたかな？　まとめとして、主要な国とその国で広く信仰されている宗教を確認しよう。

国　名	宗　教	国　名	宗　教	国　名	宗　教	国　名	宗　教
アメリカ合衆国	キリスト教	イギリス	キリスト教	パキスタン	イスラム教	オーストラリア	キリスト教
サウジアラビア	イスラム教	マレーシア	イスラム教	アルゼンチン	キリスト教	ブラジル	キリスト教
インド	ヒンドゥー教	ニュージーランド	キリスト教	インドネシア	イスラム教	トルコ	イスラム教
カナダ	キリスト教	エジプト	イスラム教	タイ	仏教		
ベトナム	仏教	フィリピン	キリスト教	ドイツ	キリスト教		

　トルコとパキスタンの国旗には星と三日月が描かれている。この星と月の組み合わせはイスラム教のシンボルである。インドの西側に隣接しているパキスタンではイスラム教が信仰されており、インドとの間に宗教問題が生じている。また、インドの東に隣接しているバングラデシュもイスラム教の国である。

[トルコ]

[パキスタン]

※色は実際の国旗の色とは異なります。

世界各地の衣服と住居

　世界の特徴的な住居をチェックしていこう。特徴的な住居とその住居が見られる地域を対応させられるようにしたい。住居には、その国の気候が大きく影響しているため、気候と照らし合わせながら確認して、対応させられるようにしよう。

①[ゲル]

　①モンゴルの遊牧民が利用する**ゲル**という住居。ゴビ砂漠の北に位置するモンゴル高原は乾燥した気候のために、農業には適していない。モンゴルでは遊牧しながらの生活が多く営まれているんだ。**家畜とともに遊牧するため、簡単に移動できるテントのような住居にしている**んだね。

　②高床式の住居は東南アジアに多く見られる。東南アジアは熱帯雨林気候の地域が多く、降水量が非常に多い。洪水が起こりやすいた

②[高床式住居]

め、洪水から家を守る必要があるんだ。また、東南アジアは多湿の地域でもあるため、風通しをよくすることで物が腐るのを防いでいる。ちなみに屋根にもひと工夫。傾斜をつけて尖った屋根にすることで、強い日差しと激しい雨から家を守っているよ。

　高床式の住居は冷帯の地域でも見られる。床を高くしているのは同じでも、理由はまったく異なっている。地表を氷が覆っているような寒さの厳しい地域では、人が住む住居から出る熱が地表の氷を溶かしてしまうと家

が傾くおそれがある。そこで、住居と地表が接しないようにしているんだ。寒さの厳しい地域では、窓を二重、三重にするなどの工夫もしているよ。

③日干しレンガを利用した住居は、西アジア、北アフリカなどの砂漠気候の地域で多く見られる。乾燥した気候のために木材が足りず、泥を固めて乾燥させた日干しレンガの住居が多い。

③[日干しレンガの住居]

④イグルーと呼ばれる雪のかたまりを積み上げてつくったドーム型の住居は、寒帯のアラスカやカナダ北部にくらす先住民**イヌイット**の伝統的な住居。この地域は寒さが非常に厳しく草木が育たないため、イヌイットは獲物を追って移動しながらの生活を送っていた。イグルーは移動に適した住居なんだ。

④[イグルー]

知っていますか？

ここで、おもな先住民族を紹介。
北アメリカ大陸の先住民を**ネイティブアメリカン**（イ
ンディアン）、南アメリカ大陸の先住民は**インディオ**
（インディヘナ）と呼ぶ。オーストラリアの先住民を
アボリジニー、ニュージーランドの先住民は**マオリ**と
いう。先ほど紹介したアラスカの先住民であるイヌ
イットも含めて、しっかり覚えておこう。

続いて伝統的な衣服を紹介していくよ。日本の和服（着物）は日本の伝統的な衣装といえるね。これと同じように伝統的な衣装は数多くある。比較的有名なものを紹介するよ。アジアでは、インドの伝統衣装である**サリー**や韓国の**チマチョゴリ**、ベトナムの**アオザイ**が有名だね。南米ではペルーのマンテイーヤ、ヨーロッパではオランダのサボ、イギリスのキルトなどがあるよ。

[サリー]

[チマチョゴリ]

[アオザイ]

テーマ3　国家・宗教・くらしのポイント

● 国家とは

国家の三要素……国民・領土・主権
沿岸から 12 海里以内の海……領海
沿岸から 200 海里以内の海……（排他的）経済水域

● 世界の三大宗教

宗教	開祖	おもな地域・分布
キリスト教	イエス＝キリスト	ヨーロッパ、南北アメリカ、オセアニアなど
仏教	シャカ（釈迦）	東アジアなど〔インドより東側の国に多い〕
イスラム教	ムハンマド（マホメット）	西アジア、中央アジア、北アフリカなど〔インドより西側の国に多い〕

※インドで信仰されているおもな宗教……ヒンドゥー教

● 世界各地の衣服と住居

住居

おもな地域	住居	気候	特徴
モンゴル	ゲル（テントのような住居）	乾燥帯	遊牧民が使用 簡単に移動できる
東南アジア	高床式住居	熱帯	洪水被害を防ぐ 湿気による腐敗防止
シベリア	高床式住居	冷帯	地表の氷の溶解防止
北アフリカ 西アジア	日干しレンガの住居	乾燥帯	木材が確保しにくいため
アラスカ	イグルー（ドーム型の住居）	寒帯	イヌイットの伝統的な住居 簡単に移動できる

衣服

インド：（サリー）・韓国：（チマチョゴリ）・ベトナム：（アオザイ）
オランダ：（サボ）・イギリス：（キルト）・ペルー：（マンテイーヤ）

第1部

世界地理

第2章

世界の諸地域

世界の諸地域

テーマ ④ 東アジア

::: イントロダクション :::

◆ 東アジアの国と自然 ➡ 自然環境や気候は産業に大きく影響する重要な要素。
しっかり覚えよう！

◆ 東アジアの産業と文化 ➡ 日本の最大の貿易相手国である中国の産業にはとくに
注目していこう。

東アジアの国と自然

まずは、下の地図を利用して国名や河川などの名称を覚えよう。とくに
重要な自然環境は太字で示しているよ。

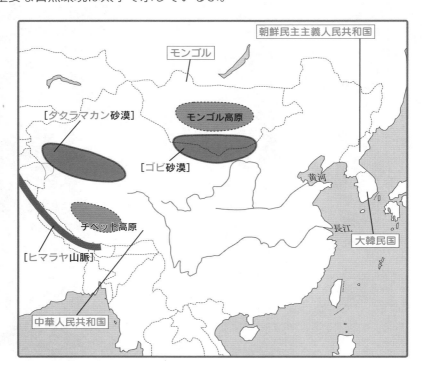

黄河流域では、四大文明のひとつである中国（黄河）文明が発達。文明の発祥の地となっているんだ。長江はアジア最長の河川。黄河との位置を区別してしっかり覚えよう。

　ヒマラヤ山脈は中国とネパールの国境に広がる山脈で、アルプス・ヒマラヤ造山帯としても有名な山脈。中国の西側にはチベット高原が広がっていて、平地が少ない。中国の人口は平地が多い東側に集中しているんだ。農業や工業も東側を中心に発達しているよ。中国の自然環境の全体像を把握しておこう。

　東アジアは世界の中でも季節風（モンスーン）の影響を大きく受ける地域であるため、沿岸部では降水量が多い温暖湿潤気候となっているよ。内陸部では、モンゴル南部に広がるゴビ砂漠や中国西部のタクラマカン砂漠のように、乾燥帯が広がっているんだ。

　また、東アジアの北部では冷帯・寒帯の地域も見られる。ロシア連邦のシベリア地方は寒暖差が大きい地域としても知られ、もっとも寒い場所といわれる。夏は暑いため、寒帯と違って樹木は育つ。**寒さに強い針葉樹林**が多く、これらは**タイガ**と呼ばれているよ。

[ゴビ砂漠]

[ロシア連邦のタイガ]

東アジアの産業と文化

では、東アジアの農業について説明していこう。とくに重要なのは中国だ。

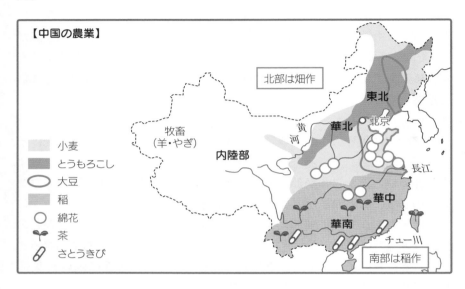

【中国の農業】

北部は畑作

東北

華北
北京

黄河

牧畜
（羊・やぎ）

内陸部

長江

華中

華南

チュー川

南部は稲作

- 小麦
- とうもろこし
- 大豆
- 稲
- 綿花
- 茶
- さとうきび

重要なのは、『人口の1位・2位（中国・インド）＝米・小麦の生産量の1位・2位』ということ。人口が非常に多いために、主食となる米・小麦の生産がさかんなんだ。ただ、中国は生産量は多いものの、国内で消費してしまうため、米・小麦の輸出はそれほど多くないので、注意しよう。

米の輸出がさかんな国はタイで、これも入試頻出なので覚えておこう。

続いて米・小麦の産地に関して確認するよ。冷涼な気候である中国**北部（華北・東北）は小麦の生産がさかん**で、温帯で降水量も多い中国**南部（華中・華南）は稲作に適している**よ。内陸部は降水量が少なく、稲作や畑作に適していないため、中国**内陸部は牧畜**が中心。また、中国は茶や綿花の栽培もさかんで、茶は生産量世界1位、綿花は世界2位となっているよ。

中国は漁獲量でも世界1位なんだ。漁獲量は世界でもっとも多いが、魚介類の消費量はさほど多くなく、日本・韓国のほうが消費量は多い。中

国は**魚介類の輸出も世界1位**となっているよ。日本も多くの魚介類を中国から輸入しているため、貿易に関する問題でも出題されやすいよ。

次に鉱業に注目していこう。

中国ではエネルギー資源や鉱山資源の生産量が多く、とくに注目すべきは**石炭の生産量が世界1位**ということ。以前は石炭の輸出が多かったが、近年の経済成長により、石炭の輸入が増えているよ。多くの資源を生産しているものの、国内消費が急増しているために、輸入に頼っているんだ。

中国最大級の炭田にフーシュン炭田があり、ここでは地表面を上から削っていく露天掘りという方法で採掘

［露天掘り］

されているんだ。露天掘りは削る面積が広くなるため、環境に与える影響が大きいという指摘もある方法だよ。中国最大の油田はターチン油田。ほかにもまた、**レアメタル（希少金属）の産出量が多く、世界シェアの多くを占めている**ことも覚えておこう。

鉱業だけでなく、中国では経済成長が著しく、工業も急激に発達しているよ。

中国は土地が広く（国土面積4位）、人口も多い。労働力が豊富なだけでなく、中国自体が巨大市場となるため、外国企業が中国に進出し、多くの工業製品で生産額が世界1位となった。

このような経済成長の著しい中国は「世界の工場」と呼ばれるようになった。その国の経済力を表すGDP（国内総生産）も上昇し、日本を抜いて現在2位となっているよ（1位：アメリカ合衆国　2位：中国　3位：日本）。日本の最大の貿易相手国は中国であり、コンピュータや衣類など、さまざまなものを輸入しているんだ。

同じく経済成長が著しいブラジル・ロシア連邦・インド・中国を指してBRICsという。「s」は複数を表すものだったが、南アフリカ共和国の経済発展も著しく、「BRICS」として南アフリカ共和国（South Africa）を

含めた5か国を指すこともあるよ。

　中国の社会問題も紹介しておこう。中国の急激な経済発展により、大気汚染などの深刻な環境問題が生じているよ。また、沿岸部と内陸部の経済格差の拡大が社会問題となっていることも知っておこう。

> 中国の経済の発展がすごいのはわかりましたが、東アジアに中国以外に経済発展している国はないんですか？

　中国以外にも経済発展している国はあるよ。

　20世紀後半に経済が成長した発展途上国を**NIES**（新興工業経済地域）というんだ。アジアの中では**韓国・台湾・香港・シンガポール**が含まれて、**アジアNIES**とも呼ばれているよ。韓国では電化製品や自動車、**造船業**がさかん。工業地域の形成による大都市が成長し、首都のソウルとその周辺には人口が集中し、過密の状態となっている。反対に、農村では過疎の地域が増え、社会問題となっているよ。

　最後に、東アジアの文化を紹介しよう。韓国で用いられている文字を**ハングル**という。女性の民族衣装は**チマチョゴリ**。韓国の首都であるソウルでは1988年にオリンピックが開催され、平昌（ピョンチャン）では2018年に冬季オリンピックが開催された。中国の首都である北京（ペキン）は2008年に夏季オリンピックが開催された都市。香港は1840年に起こったアヘン戦争で中国がイギリスに敗れ、南京条約によってイギリスに割譲された地域で、1997年に返還された。中継貿易がさかんだよ。台湾は**毛沢東**率いる中国共産党が中華人民共和国を建国したさいに、中国国民党が逃れてきた地。国際的には中国の一部とされているよ。マカオはもともとポルトガルの植民地で1999年に返還された。

📖 少し くわしく　世界の工場

　18世紀後半に産業革命に成功したイギリスは、世界中から原材料を輸入し、世界中に輸出するほどの経済力を持っていた。そのため、イギリスは「世界の工場」と呼ばれた。試験のときには、「世界の工場」が中国とイギリス、どちらの国を指しているのか、注意して問題文を読もう。

テーマ4　東アジアのポイント

ポイント整理

● 東アジアの農業

中 国

中国北部……**小麦**を代表とする畑作が中心（冷涼な気候が適するため）

中国南部……**稲作**が中心（温暖で降水量の多い気候が適するため）

内 陸 部……**牧畜**が中心（内陸は降水量が少ないため）
（中国西部）

> 米の生産はアジアが中心。
> 小麦は世界の広い範囲で栽培される。

《中国の代表的な農作物》

生産量	1位	2位	3位	4位	5位
米	中国	インド	インドネシア	バングラデシュ	ベトナム
小麦	中国	インド	ロシア連邦	アメリカ合衆国	フランス
茶	中国	インド	ケニア	スリランカ	ベトナム
綿花	インド	中国	アメリカ合衆国	パキスタン	ブラジル

（『世界国勢図会2019/20』より作成）

● 東アジアの工業

中 国

● 著しい経済発展により「**世界の工場**」と呼ばれ、GDPは世界2位

● **BRICS**（ブラジル・ロシア連邦・インド・中国・南アフリカ共和国）のひとつ

● 石炭などの鉱業もさかんで、レアメタルの産出量も多い

韓 国

● 20世紀後半に経済が成長し、**アジアNIES**のひとつとなる

● 造船業がさかん

中国

1949年に中華人民共和国として成立した中国は、社会主義の国だ。

社会主義とは、国にある生産手段はすべて国のものと考え、国の計画に基づいて生産をおこなう経済のしくみのことだよ。国が管理することで、倒産や失業もなく、貧富の差もない社会をつくろうとするんだ。

しかし、社会主義は「みんな平等」であるため、頑張っても得られる賃金などは同じになる。そのため、頑張る気力は湧きにくい。だから、社会主義は多くの国で、経済的に行き詰まってしまったんだ。そこで中国では、資本主義を一部取り入れて経済を発展させた。そんな中国の経済のしくみに注目しよう。

✅ 中国の経済

中国では、人民公社による集団農業がおこなわれていたが、経済が行き詰まったために、生産責任制が導入された。決められた量より多く生産すれば、それを市場で販売できるようにしたんだ。

社会主義では私有財産は認められないわけだけど、一部資本主義を取り入れることで、生産意欲を高めようとしたんだね。これにより「万元戸」と呼ばれる富裕層も誕生した（ちなみに〝元〟は中国のお金の単位）。

工業でも、自由競争がない社会体制が影響して、生産意欲は停滞したため、現在では資本主義が取り入れられているよ。もっとも入試頻出なのが経済特区。外国の資本や技術を取り入れることをおもな目的として、政策的に開放された地域のことだよ。

経済特区

アモイ
スワトウ
シェンチェン
チューハイ
ハイナン

経済特区って聞いたことあります。
でも、どういう政策なんでしょうか？

経済特区として指定された地域では、関税の免除・軽減のような優遇を認め、外国の企業を誘致（ゆうち）するという特徴的な政策がおこなわれているんだ。シェンチェンやスワトウなどの5つの地域が指定されているよ。そのほかにも、外国企業と共同でつくった合弁企業や、農村に誕生した郷鎮企業（ごうちんきぎょう）の活動も認められ、著しい経済発展を成し遂げたんだ。郷鎮企業とは、町や村といった地方自治体が経営する企業のこと。農村の労働力をいかす中小企業のことをいうよ。

[中国の経済特区・シェンチェン]

☑「世界の工場」・「世界の市場」

経済特区を設けたことで、1990年代から外国企業が多く進出した。中国の工業生産が著しく増加し、製品が世界中に輸出されるようになり、「世界の工場」の地位を獲得した。さらに、中国の人びとの経済力が高まるにつれて国内での消費が伸び、中国は「世界の市場」とも呼ばれるようになっている。

☑ 中国の人口と人口抑制政策

中国の人口は約14.3億人で世界1位。そのうちの約90％は漢民族（かんみんぞく）。漢民族のほかに55の少数民族がくらす多民族国家。2位のインド（人口は約13.7億人）や4位のインドネシア（約2.7億人）もアジア州に属しており、アジア州には世界全体のおよそ60％の人口が集中しているんだよ。

中国では人口増加を抑制するために一人っ子政策を実施。子どもが一人の家庭には学費を補助するなどの優遇措置（ゆうぐうそち）を用意し、人口の増加を抑えようとした。人口増加を抑えることで、生活水準の向上を目指したんだよ。

農村部では働き手が必要なため、十分とはいえないものの、都市部では一人っ子政策は成功したといえる。しかし、将来の急速な高齢化や若い労働力が不足するなどの問題点もあり、一人っ子政策は廃止されることになった。

テーマ 5 東南アジア

■■ イントロダクション ■■

◆ 東南アジアの国と自然 ⇒ 東南アジアでは河川がとくに重要。しっかり覚えよう。

◆ 東南アジアの産業と文化 ⇒ 産業別に説明したあと、国ごとにまとめるよ。重要な国が多いので、しっかり区別しよう。

東南アジアの国と自然

ラオス
フィリピン諸島
ミャンマー
インドシナ半島
ベトナム
タイ
[チャオプラヤ川]
[メコン川]
フィリピン
カンボジア
マレーシア
カリマンタン島
スマトラ島
インドネシア
ジャワ島
シンガポール

まずは、国の名称と場所を覚えよう。東アジアにくらべて複雑だけれど、とくに頻繁に出題される国は赤字になっているので、覚えているかテストをくり返して覚えていこう。

次に東南アジアの自然に注目するよ。まず、覚えてほしいのが**メコン川**。メコン川は中国の山脈を源流とし、ミャンマー、ラオス、タイ、カンボジア、ベトナムを流れる東南アジア最長の河川。ベトナムに河口があり、南シナ海に注ぐ。メコン川は複数の国を流れ、とくに東南アジアでは複数の国で生活に利用されているんだ。

このように、複数の国を貫流し、条約によって周辺国が自由に河川を利用できると定められている河川を**国際河川**という。メコン川は代表的な国際河川なんだ。

チャオプラヤ川はタイを流れる河川。チャオプラヤ川の河口には**三角州**（デルタともいう）があり、世界有数の稲作地帯となっている。**タイは米の輸出**がさかんというのは重要事項だよ。三角州とは、河口付近にみられる、枝分かれした河川と海に囲まれた地形のこと。おもに三角形に近い形をつくるところから三角州、ギリシャ文字のデルタ（△）にも似ていることからデルタ（デルタ地帯）とも呼ばれる。

インドネシアのスマトラ島の沖で2004年に大地震が起こり、津波の被害が発生したことも知っておこう。タイやベトナムのある半島をインドシナ半島という。これはインドと中国（シナ）の間に位置するところからつけられた名称だよ。

知っていますか？

三角州は河口付近にできる平地。稲などの湿気を好む作物の栽培に適する地形となる。扇状地は傾斜の急な上流から平地になる谷口にできる地形。三角州よりも傾斜があり、水はけのよい地形となるため、果樹などの乾燥を好む作物の栽培に適した地形である。
- **三角州**：河口付近の平地、**水田**として利用されることが多い
- **扇状地**：谷口の緩やかな傾斜地、**果樹園**として利用されることが多い

東南アジアの産業と文化

東南アジアの農業について説明するよ。

東南アジアには欧米諸国の植民地だった国が多く、そのころにつくられた大規模農園が現在の産業にも大きく影響しているんだ。熱帯地域にみられる大規模な農園のことを**プランテーション**という。植民地時代に、欧米諸国などの宗主国が資金や技術を提供して、現地の豊富な労働力を利用して大農園をつくったのが始まり。東南アジアのプランテーションでつくられるおもな作物として、**フィリピンのバナナ**、**ベトナムのコーヒー**、**インドネシアの天然ゴム**、**インドネシア・マレーシアのアブラヤシ（パーム油の原料）**を覚えておこう。

宗主国とは、植民地を支配していた国を指す。フィリピンはスペインの植民地だったが、のちにアメリカ合衆国の支配を受けることになる。この影響で、フィリピンにはキリスト教徒が多いというのを第1章の三大宗教のところで説明したよね。ここで、おもな東南アジアの国々の旧宗主国をまとめておこう。

[東南アジアのプランテーション]

東南アジアの国	旧宗主国
フィリピン	スペイン ➡ アメリカ合衆国
ベトナム	フランス ※第二次世界大戦時中は日本が占領
インドネシア	オランダ
マレーシア	イギリス
シンガポール	イギリス

タイは東南アジアで唯一独立を保った国。タイの農業では、世界有数の稲作地帯であるチャオプラヤ川河口の三角州がポイントだったね。

米の輸出1位はタイ、2位はインド。米の生産量の1位は中国、2位はインド。輸出量と生産量の順位を区別して覚えよう。

東南アジアは温暖な地域であるため、地域によっては1年に2回米を収穫する二期作がおこなわれているよ。

二毛作というのも聞いたことありますが、
二期作とはどう違うんですか？

二毛作とは、同じ耕地で1年の間に2種類の異なる作物を栽培すること。二期作は同じ作物を1年の間に2回つくることをいう。東南アジアには、熱帯の気候を利用して米を年に2回つくる地域がある。これは二期作だね。日本では、鎌倉時代から西日本で米と小麦を1年の間に収穫していた。これは二毛作。区別しておこう。

ここからは東南アジアの水産業に注目していくよ。

東南アジアではエビの養殖がさかんで、日本にも多く輸出されている。タイ、ベトナム、インドネシアから日本は多くのエビを輸入しているよ。**とくにタイはエビの輸出がさかん**ということを覚えておこう。エビの養殖場をつくったり、木材として利用したりするために**マングローブ**の伐採がおこなわれ、社会問題になっているんだ。マングローブとは、満潮のときには海水につかる河口部分に生育する、熱帯地域の植物のことを指す。マングローブ以外にも**熱帯雨林の伐採**は地球温暖化の原因とも考えられ、世界的な環境問題になっているんだ。

> まちがえないよう注意
> 伐◯ 代✕

少し くわしく 📖 **モノカルチャー経済とその問題点**

モノカルチャー経済とは、特定の産業に経済が依存している状態を指す。おもに農産物や鉱物資源の生産、輸出に特化した経済となる。特定の産業に頼った経済のため、その産業がうまくいかないと経済が破綻してしまう危険性があり、経済が安定しにくいという問題点がある。

次は東南アジアの工業に関して説明しよう。

東南アジアでは、植民地時代につくられたプランテーションによる農業が中心で、多くの国が単一作物の生産に頼る経済状態だった。工業はあまりさかんではなかったんだ。このような経済をモノカルチャー経済（前ページ参照）というよ。

近年は、東南アジアの多くの国で工業化が進み、機械類の生産がさかんになってきている。モノカルチャー経済から脱して、機械類の生産を伸ばしているんだ。輸出額の上位を占める輸出品目も機械類に変わってきている。東南アジアの国の輸出品の上位5品目をいくつか紹介するよ。

【輸出額上位5品目（2017年）】

	マレーシア	ベトナム	インドネシア	シンガポール
1位	機械類	機械類	石炭	機械類
2位	石油製品	衣類	パーム油	石油製品
3位	パーム油	はきもの	機械類	精密機械
4位	液化天然ガス	魚介類	衣類	有機化合物
5位	精密機械	精密機械	自動車	プラスチック
輸出額総計	216,428	215,119	168,810	373,255

（『世界国勢図会2019/20』より作成）　※輸出額 単位：百万ドル

機械類の生産が各国の産業の上位を占めていることは確認できたかな？ちなみに、近年は多くの国で機械類の輸出が第1位の品目となっているため、「機械類」に注目しても資料の読み取りとしての効果は小さく、国を限定できるようなヒントにはならない。**マレーシアなら液化天然ガス、ベトナムでは衣類、インドネシアでは石炭**というように、比較的特徴のある品目を覚えるべきだね。

この章では、東南アジアの工業が機械化していることを確認してくれれば十分。貿易も入試頻出の重要テーマなので第3章でくわしく説明するよ。

東南アジアの工業化に話をもどそう。

東南アジアの国々がASEAN（東南アジア諸国連合）を結成し、経済協力をおこなっていることも重要なポイントだよ。ASEANにはインドネシ

ア、シンガポール、タイ、フィリピン、ベトナム、マレーシアなどの10か国が加盟している。

> どうして東南アジアの工業化は進んだんですか？

　国家の政治的な安定など、いろいろな要因が考えられるけれど、東南アジアの工業化が進んだ要因のひとつに、日本やアメリカ合衆国などの多国籍企業の活動があげられる。多国籍企業とは、複数の国で生産、流通、販売をおこなう企業のことだよ。**東南アジアでは安い賃金で労働力を得ることが可能**であるため、東南アジアに進出する企業が多いんだ。

　このように、経済が発展してきた東南アジアのなかで、とくに経済発展が著しいのはシンガポール。中継貿易がさかんな国だよ。中継貿易とは、輸入した物資を一時保管し、別の国に再輸出する貿易のことで、輸入したさいの値段と再輸出したさいの値段の差額が利益となるしくみなんだ。シンガポールは工業も発達しており、NIES（アジアNIES）のひとつとなるほど、経済が大きく発達した国だよ。シンガポールの人口の多くは中国系の住民である、華人（華僑）。華人が経済の面で活躍しているんだ。

　マレーシアにはマレー人や華人、インド系の人々がくらしている。このような多くの民族がくらしている国を**多民族国家**というよ。マレーシアのほかにも、アメリカ合衆国や中国も多民族国家の代表的な国だね。

　東南アジアの国々には入試に頻出の重要な国が多いので、国ごとに重要事項をまとめておこう。

タイ
- 米の輸出がさかん
- 伝統的な仏教国
- 東南アジアで唯一独立を保つ

フィリピン
- バナナのプランテーションがあり、生産がさかん
- おもな宗教はキリスト教

ベトナム
- コーヒーのプランテーションがあり、生産がさかん
- おもな宗教は仏教
- 衣服の生産額が高く、日本も多く輸入
- 社会主義国だが、一部資本主義を導入（ドイモイ政策）

シンガポール
- 東南アジアでもっとも経済が発展
- 中継貿易がさかん
- NIES（新興工業経済地域）のひとつ
- 人口の多くは華人（華僑）

マレーシア
- アブラヤシ（パーム油）のプランテーションがあり、生産がさかん
- 液化天然ガスの生産がさかんで、日本も多く輸入
- 多くの民族がくらす多民族国家

インドネシア
- 東南アジアでもっとも人口が多い（世界では4位）
- おもな宗教はイスラム教
- 天然ゴムとアブラヤシ（パーム油）のプランテーションがあり、生産がさかん
- 石炭や液化天然ガスの生産がさかんで、日本も多く輸入

テーマ5 東南アジアのポイント

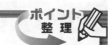

ポイント整理

● **東南アジアの自然**

メコン川：ベトナムに河口がある**国際河川**

チャオプラヤ川：タイを流れる河川

河口に広がる**三角州**で、稲作がさかん

● **東南アジアの農業**

プランテーション：熱帯地域に見られる大規模な農園（植民地時代に始まる）

- フィリピンのバナナ
- ベトナムのコーヒー
- インドネシアの天然ゴム
- インドネシア・マレーシアのアブラヤシ（パーム油）

二期作：温暖な気候をいかして、1年に2回米を収穫

● **東南アジアの水産業**

エビの養殖がさかん。**タイ、ベトナム、インドネシアから日本も多く輸入**➡**マングローブの伐採の原因になっている**

● **東南アジアの工業**

ASEAN（東南アジア諸国連合）：東南アジア諸国が経済協力をおこなう組織

多国籍企業の影響あり➡安い賃金で労働力を得られるメリットがある

テーマ6 南アジア・西アジア

━━ イントロダクション ━━

◆ 南アジア・西アジアの国と自然 ⇒ 国名・地名以外に造山帯にも注目！
◆ 南アジア・西アジアの産業と文化 ⇒ インドとサウジアラビアの産業はとくに重要。

南アジア・西アジアの国と自然

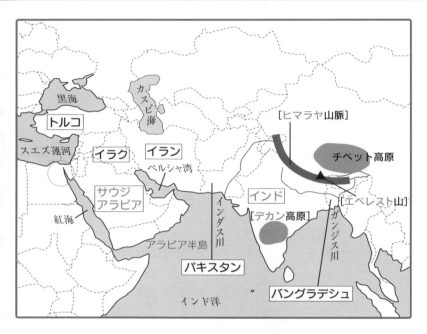

　南アジアには、世界でいちばん高い山である**エベレスト山**（チョモランマ）を有する**ヒマラヤ山脈**がある。ヒマラヤ山脈はネパールと中国の国境にもなっているよ。

　また、ヒマラヤ山脈を源流とした河川に**インダス川**とガンジス川がある。インダス川の流域では四大文明のひとつであるインダス文明が発達したんだ。位置も重要なので、しっかり地図でチェックしてほしい。

ヒマラヤ山脈は、高くて険しい山が連なる**アルプス・ヒマラヤ造山帯**の一部となっていることも非常に重要。アルプス山脈はヨーロッパにある山脈で、イタリア半島の北にある山脈だよ。

もうひとつ重要な造山帯として**環太平洋造山帯**がある。太平洋を囲むように山脈が続いているんだ。造山帯には火山や地震の多い地域が重なっていて、とくに**環太平洋造山帯では火山活動が活発な火山や地震の多い地域が多い**。日本列島も環太平洋造山帯に含まれているよ。

だから、日本は地震や火山が多いんですね。

そのとおり。日本は環太平洋造山帯に含まれていて、地震や火山の多い地域となっているよ。2つの造山帯の位置と、おもな山脈をしっかり確認しよう。

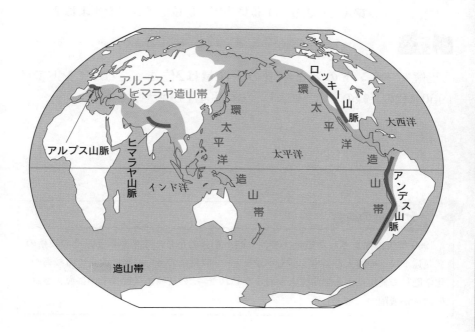

南アジアと西アジアの自然について、確認を続けていくよ。

インドに広がる**デカン高原**では綿花（めんか）の栽培がさかん。産業とセットで覚えておこう。西アジアにある**カスピ海**は世界最大の湖。カスピ「海」というけれど、「湖」なので注意しよう。どれくらい大きいかというと、カスピ海の面積は約38万km²。これは日本の面積と同じくらいの大きさだよ。

南アジア・西アジアの産業と文化

南アジアで経済の発展が著しい国としてあげられるのがインド。BRICS（ブリックス）のひとつに数えられている。BRICSは覚えているかな？　経済発展の著しい**ブラジル**、**ロシア連邦**、**インド**、**中国**、**南アフリカ共和国**をあわせて、BRICSというんだったね。インドではサービス業とIT産業などが成長しており、経済が大きく発展しているんだ。

従来からのインドの産業にも注目しよう。人口と米・小麦の生産量については1位と2位は同じ順位だったね。それぞれの国を覚えているかな？

> 覚えています。1位は中国、2位はインドですよね？

正解！　**インドの米と小麦の生産量は2位**だったね。インドでは1960年代の「緑の革命」により、米の生産量が増大したんだ。

少し ぐわしく 📖 **緑の革命**

1960年代に推進された農業生産性の向上を目的とした技術革新と、その技術の発展途上国への導入を指す。稲や小麦などで、収穫量の多い品種に改良する技術や、化学肥料の使用による生産拡大がおこなわれた。その技術が発展途上国に導入され、生産量が飛躍的に増大した。

そのほかの産業についても確認していこう。

先ほども出てきたように、インドのデカン高原では綿花の栽培がさかん。デカン高原の位置といっしょに覚えておこう。また、インドではバターなどの乳製品の生産量が多い。インドでおもに信仰されている宗教は**ヒンドゥー教**。ヒンドゥー教では牛は神聖な生き物と考えられるため、ヒンドゥー教徒は牛肉を食べない。そのため、牛肉の消費量は少ないけれど、乳製品の消費量は多いよ。

インドでは茶の生産量も多い。インドの隣国であるスリランカでも茶の生産量が多く、輸出もさかんにおこなわれている。**茶の生産量＆輸出量の多い国として、中国、インド、スリランカ、ケニアを覚えておこう！**

西アジアで注目したいのはサウジアラビア。日本がもっとも石油を輸入している国がサウジアラビアなんだ。

［サウジアラビアの油田］

サウジアラビアは**OPEC（石油輸出国機構）**の中心的な存在でもある。OPECとは、石油の輸出がさかんな国が経済的に協力することを目的としてつくられた組織。石油価格の調整などをおこない、産油国の世界的な立場を強化、維持できるように協力しているんだ。おもな加盟国は、サウジアラビア、アラブ首長国連邦、イラク、イラン、ナイジェリアなど。**日本はサウジアラビア、アラブ首長国連邦からおもに石油を輸入している**んだ。石油の輸入先は入試頻出だから、しっかり覚えよう。

西アジアでは、乾燥帯の地域が多く、サウジアラビアのあるアラビア半島にも砂漠が広がっている。乾燥帯の広がる地域では、農業ができる地域は限られる。乾燥帯の地域で水源があるところを**オアシス**という。西アジアでは、オアシスでナツメヤシの栽培がさかん。

[サウジアラビアにあるオアシス]

　ナツメヤシは乾燥帯の地域でおもに生産され、パーム油の原料となるアブラヤシは、東南アジアなどの熱帯の地域でおもに栽培される。ナツメヤシは乾燥帯で、アブラヤシ（パーム油）は熱帯で栽培がさかん。区別して覚えておこう。また、乾燥帯の地域では、日干しレンガの住居が多く見られるのも特徴的だね（41ページ参照）。

　南アジア・西アジアでは、いくつもの国で宗教問題などを抱え、紛争地域が存在する。インド（ヒンドゥー教）はパキスタン（イスラム教）と宗教の対立があり、カシミール地方の領有問題でも争っている。ほかにもイラクが1991年にクウェートに侵攻したことにより、湾岸戦争が勃発し、イラク軍と国連軍の争いとなった。イスラエルの首都であるエルサレムは、ユダヤ教、キリスト教、イスラム教の聖地であり、1948年にユダヤ人がイスラエルを建国したことで、周辺のイスラム教の国との対立が生じた。4回にわたる中東戦争が起こっているだけでなく、現在でも紛争が絶えない地域なんだ。

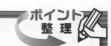

テーマ6　南アジア・西アジアのポイント

● **南アジア・西アジアの自然**

ヒマラヤ山脈……世界でもっとも高いエベレスト山を含む山脈。インダス川の源流

カスピ海……世界で最大の湖

アルプス・ヒマラヤ造山帯……ヨーロッパからアジアの南部に続く造山帯

環太平洋造山帯……アンデス山脈、ロッキー山脈、日本列島を含む造山帯

● **南アジア・西アジアの産業**

インド

　米、小麦、茶の生産がさかん（2017 年は 3 つとも世界第 2 位の生産量）

デカン高原では綿花の栽培がさかん

乳製品の生産がさかん（ヒンドゥー教徒は牛肉を食べない）

サービス業や IT 産業が発達➡ BRICS のひとつ

サウジアラビア

石油の産出量が多く、日本の最大の石油輸入相手国

OPEC（石油輸出国機構）の中心的な国

⑦ ヨーロッパ州

◆ **ヨーロッパの国と自然** ⇒ 場所と名称のほかに、特徴もよく出題される地名がたくさんある。しっかり覚えよう。

◆ **ヨーロッパの産業と文化** ⇒ 気候の特徴をいかした農業とドイツの工業には、とくに注目！ 日本とも関係の深い国がたくさんあるぞ。

ヨーロッパの国と自然

　ヨーロッパの自然環境について勉強しよう。ヨーロッパには頻出の河川（かせん）や半島などが多いんだ。しっかりと場所と地名を覚えてほしい。

まずは河川に注目していこう。

ライン川は**アルプス山脈**にある湖を源流とし、フランス、ドイツの国境を流れ、オランダに河口があり、**北海**に注ぐ。複数の国を流れ、複数の国に利用される**国際河川**なんだ。

ライン川はヨーロッパ最大の工業地帯である**ルール工業地帯**の水運に利用されているよ。ライン川が注ぐ北海には油田があり、北海油田の開発をおこなうイギリスは、先進国のなかでは珍しく石油の自給率が高い国となっているよ。北海の場所を確認して、北海油田とイギリスはセットで覚えておこう。ライン川のほかにヨーロッパには国際河川としてドナウ川があり、黒海に注いでいるよ。

アルプス山脈は高くて険しい造山帯（アルプス・ヒマラヤ造山帯）を形成していることでも重要。ピレネー山脈はスペインとフランスの国境になっているよ。

最後に、半島に注目。半島にも重要なものが多いよ。

バルカン半島は第一次世界大戦のきっかけになったサラエボ事件が起こった場所。複数の民族がくらすとともに、独立運動や欧米列強の領土拡大の対立構造もあり、戦争の火種になりやすく、「ヨーロッパの火薬庫」と呼ばれた半島。歴史的に重要な地名だよ。

ノルウェー、スウェーデン、フィンランドがある**スカンディナビア半島**には、**フィヨルド**と呼ばれる複雑な海岸線が広がっているんだ。スカンディナビア半島は、半島の場所と名称だけでなく、フィヨルドのみられる地域としてもよく出題されるので、しっかり覚えよう。

知っていますか？

複雑な海岸線といえば、日本の海岸にもギザギザの複雑な海岸が多い。日本の**三陸海岸**（岩手）、**若狭湾沿岸**（福井）、**志摩半島**（三重）などの複雑な入り江は**リアス海岸**（リアス式海岸）という。リアス海岸は土地の隆起や沈降によってできたもので、**フィヨルドは氷河が大陸を削ったことでできたもの**。代表的な場所で区別できるようにしておくことと、「氷河が大陸を削ってできた」というのも、フィヨルドを答えるさいのヒントになるよ。

ヨーロッパの産業と各国の特徴

ヨーロッパの農業について説明していこう。

まず注目したいのが地中海式農業。地中海式農業とは、地中海性気候の特徴をいかした農業なんだ。地中海性気候の特徴は覚えているかな。

夏の降水量が少なくて、夏は乾燥すると習いました。

そうだったね。気候と農業をセットで理解しておくことが重要なんだ。夏は降水量が少なく、乾燥するのが地中海性気候の特徴。**地中海沿岸の国では夏に乾燥する気候をいかした、ぶどうやオリーブ、オレンジなどの果樹栽培がさかん**。地中海沿岸に位置するイタリア、スペインを代表的な国として把握しておこう。

また、ヨーロッパで広くおこなわれている農業に混合農業がある。**混合農業とは畑作と畜産を組み合わせた農業のこと**。フランス、ドイツ、イギリスなどでさかんにおこなわれている農業だよ。畑作では小麦やじゃがいも、飼料作物（家畜のえさ）の栽培がさかん。家畜を飼育し、乳製品や肉類を生産する畜産と畑作を組み合わせているんだ。ドイツの人がよく食べるウィンナーやじゃがいも、ビールをイメージしておくと覚えやすいよね。

フランスでよく食べられているもののイメージはあるかな。フランスではパンやチーズがよく食べられているイメージがあるよね。このように、小麦などの畑作と畜産（酪農）を組み合わせた、混合農業がさかんにおこなわれているんだ。

ちなみに畜産とは牛や豚、鶏などを飼育して肉や乳、毛皮などを出荷するもの。酪農は家畜から乳をとって乳製品を出荷するもので、畜産に含まれるものだよ。ヨーロッパには、デンマークやスイスのように酪農がさかんな国が多い。スイスでは、季節によって家畜とともに移動する移牧がおこなわれているよ。

話をフランスにもどそう。フランスの産業の特徴として**ワイン**の生産量が多いことも大切なんだ。日本も多くのワインを輸入しているよ。平地が広く、農業がしやすいため、**フランスはヨーロッパ最大の農業国**となっている。

　続いて、ヨーロッパの工業をチェックしていこう。

　ヨーロッパ最大の工業国はドイツ。**ルール工業地帯**があるんだ。国際河川である**ライン川**の水運と、ルール炭田の石炭を利用して発達した。また、ルール工業地帯でつくられた製品の輸出や原材料などの輸入がさかんなのは**ユーロポート**という貿易港。オランダのライン川河口付近にあるユーロポートは「EUの玄関口」といわれる共通港となっているんだ。ちなみに**ユーロスター**は英仏海峡トンネルを通ってイギリスと大陸ヨーロッパとを結ぶ国際列車。ユーロポートと区別しておこう。

　では、各国のおもな工業を紹介するよ。

　ドイツの工業製品で重要なのは、**自動車**と**医薬品**。日本がもっとも多く自動車と医薬品を輸入しているのがドイツなんだ。フランスでは、**航空機**の生産がさかん。世界的に航空機の生産が有名なのはアメリカ合衆国とフランス。これはとても重要！　**スイスでは精密機械工業の生産がさかん**。スイスの時計は世界的に有名だよ。

　イギリスは18世紀後半に**産業革命**に成功し、大量の製品を世界中に輸出し、「世界の工場」と呼ばれた。現在では、北海油田で産出される石油の輸出のほか、機械類や自動車などを輸出しているよ。

　ロシア連邦は石油や天然ガスなどの資源が豊富で、経済成長が著しい。**BRICS**のひとつになっていて、**パイプライン**を使って資源をヨーロッパなどに供給しているんだ。2017年ごろまで石油生産量の世界第1位をロシア連邦とサウジアラビアが争っている状態になっていたけれど、2018年にはシェールオイルの増産を理由にアメリカ合衆国が45年ぶりに世界第2位になったよ。ロシア連邦は天然ガスに関しても世界有数の生産量を誇っているんだ。ただ、日本が多く資源を輸入しているのは、石油ならサウジアラビア、天然ガスならマレーシアやオーストラリア、カタールなので注意しよう。

　工業に関する説明は以上にして、そのほか、文化や国々の特徴を確認し

ていこう。

オランダの国土の4分の1は**ポルダー**と呼ばれる干拓地。低地が多く、雨水などを海に流すために風車が利用されていた。チューリップの栽培もさかん。

オランダはネーデルラントとも呼ばれていて、ベルギーとオランダ（ネーデルラント）、ルクセンブルクを合わせてベネルクス三国というよ。フランス、ドイツの間にある、これら3つの国はいずれも国土が狭い。ベネルクス三国は関税同盟を結び、経済的な結びつきを強めたんだ。この関税同盟が**EC**（ヨーロッパ共同体）の土台になったといわれているよ。

ECは1967年に発足、ベネルクス三国の中心であるベルギーの**ブリュッセル**にECの本部が置かれたんだ。その後、経済だけでなく、社会全体に及ぶ欧州統合を目指して、ECを引き継ぐ形で**EU**（ヨーロッパ連合）が設立された。**EUの本部もベルギーのブリュッセルに置かれている。**EU加盟国の多くで使われている通貨を**ユーロ**という。また、EU域内での経済格差がEUの課題となっていることも把握しておこう。

スイスは**永世中立国**として「どの国の味方もしない」「他国の戦争には関与しない」ことを宣言している国。**スイスのジュネーブには国際連盟の本部が置かれていた。**現在でも国際連合の専門機関などの本部が数多く集中しているんだ。なお、スイスは国際的な金融都市としても有名な国なんだ。

スウェーデンは福祉先進国として有名。ほかにもノルウェー、フィンランド、デンマークなどで、社会保障制度が充実している。北欧の国には福祉先進国が多いことを把握しよう。

イタリアでは南北の経済格差が社会問題になっているよ。北部は重化学工業が発達しているのに対して、南部は第1次産業中心で、経済的に貧しい地域が多い。南部と北部での経済格差が生じている。

少し くわしく

「南北問題」と「南南問題」

地球規模での先進国と発展途上国との経済格差を南北問題という。北半球には先進国が多く、南半球には発展途上国が多いことから、南北問題というようになった。さらに、発展途上国といわれてきた国でも資源を持つ国と資源をあまり持たない国で格差が生まれ、発展途上国内での経済格差を南南問題という。

次はヨーロッパの民族と宗教に関して確認するよ。北西ヨーロッパには**ゲルマン系民族**が多く、南ヨーロッパは**ラテン系民族**が多い。東ヨーロッパには**スラブ系民族**が多いんだ。場所をヒントに民族がわかるようにしておこう。ゲルマン系民族が多いドイツではキリスト教の中でも**プロテスタント**を信仰する人が多い。ラテン系民族の多いスペインやポルトガルでは**カトリック**、ロシア連邦では正教会を信仰する人が多い。次の地図で確認しておこう。

| ゲルマン語派 | スラブ語派 |
| ラテン語派 | その他 |

キリスト教
プロテスタント
カトリック
正教会（東方正教）　　イスラム教（スンニー派）

　16世紀に起こった**宗教改革**（しゅうきょうかいかく）によって誕生したのがプロテスタント。宗教改革というのはドイツ人の**ルター**がカトリック教会の販売した**免罪符**（めんざいふ）を批判して起こった運動だったね。プロテスタントの成立によって信者が減ってしまったカトリックは海外布教に乗り出すんだ。

それで日本にもキリスト教が伝わったんですね。

　海外布教に乗り出した国として重要なのは、スペインとポルトガルだよ。日本に鉄砲やキリスト教を伝えた国でもある。江戸時代に、キリスト教が広まるのを防ぐことをおもな目的として**鎖国**（さこく）をしていたことを知っているかな？　キリスト教が広がるのを防ぐために貿易を制限していたんだ。この鎖国が完成するまでに、1624年にスペイン船の来航が禁止、**1639年にはポルトガル船の来航が禁止**になった。スペイン、ポルトガルはカトリックの国なので、海外にキリスト教を布教しようとしていたため、来航が禁止されたんだ。歴史で重要な「鎖国までの流れ」を把握しておくと、地理の民族と宗教も忘れにくくなるよ。

ヨーロッパ州の国々には、入試に頻出の国が多い。また、分野も多岐にわたる。主要な国の特徴をまとめるので、活用してほしい。

イギリス

- 首都のロンドンは金融都市として有名
- ロンドンの旧グリニッジ天文台は本初子午線の基準
- 北大西洋海流と偏西風の影響で高緯度のわりに温暖（西岸海洋性気候）
- 18世紀後半に産業革命に成功。「世界の工場」と呼ばれた

フランス

- 混合農業（畑作＋畜産）がさかんで、ヨーロッパ最大の農業国
- ワインの生産が多く、日本にも多く輸出
- 工業では航空機の生産がさかん

イタリア

- 地中海性気候を利用した地中海式農業がさかん
- ぶどうやオリーブを多く栽培
- 南部と北部で経済格差が生じている

ドイツ

- ルール工業地帯があり、ヨーロッパ最大の工業国
- 自動車や医薬品の輸出がさかん

オランダ

- ベネルクス三国のひとつ
- ポルダーと呼ばれる干拓地が国土の4分の1を占める
- ライン川河口付近のユーロポートはEUの共同港

スイス

- 永世中立国を宣言
- ジュネーブには国際連盟の本部が置かれていた
- 時計を代表として、精密機械工業がさかん
- 国際金融都市として有名

ロシア連邦

- ヨーロッパ州とアジア州にまたがる世界最大の国（ウラル山脈を境にヨーロッパ州とアジア州に分かれる）
- タイガと呼ばれる針葉樹林が広がる
- 世界有数の石油、天然ガスの生産量を誇る
- 経済成長が著しく、BRICSのひとつに挙げられる

テーマ7　ヨーロッパ州のポイント

● ヨーロッパ州の国と自然

アルプス山脈：アルプス・ヒマラヤ造山帯を形成

ライン川：オランダに河口がある**国際河川**で、**ルール工業地帯**
　　　　　の水運に利用

北海：ライン川が注ぐ。北海油田の石油をイギリスが輸出

バルカン半島：サラエボ事件（第一次世界大戦のきっかけ）が起
　　　　　　　こる

スカンディナビア半島：氷河が大陸を削ってできた複雑な海岸線
　（フィヨルド）

● ヨーロッパ州の産業と文化

地中海式農業：夏に乾燥する気候をいかした果樹栽培がさかん
　　　　　《おもな国》イタリア、スペイン

混合農業：畑作と畜産を組み合わせた農業
　　　　《おもな国》フランス、ドイツ、イギリス
　　　※ヨーロッパ最大の農業国……**フランス**

ルール工業地帯：オランダの**ユーロポート**を利用して貿易をお
　　　　　　　　こなう
　　　※ヨーロッパ最大の工業国……**ドイツ**

EC（ヨーロッパ共同体）：1967年発足
　本部をベルギーの**ブリュッセル**に設置

EU（ヨーロッパ連合）：1993年発足
　多くの加盟国で共通の通貨**ユーロ**を使用

【ヨーロッパのおもな民族と宗教】

場所	おもな国	民族	宗教
北西ヨーロッパ	ドイツ・イギリス・スウェーデンなど	ゲルマン系民族	プロテスタント
南ヨーロッパ	スペイン・ポルトガル・イタリアなど	ラテン系民族	カトリック
東ヨーロッパ	ロシア連邦など	スラブ系民族	正教会

ヨーロッパの環境先進国

　18世紀後半にイギリスが産業革命に成功し、工業化を遂げたことで、ヨーロッパはほかの地域にくらべて早く工業化したんだ。工業化が早かったぶん、環境問題が起こるのも早く、ヨーロッパでは大気汚染による酸性雨が深刻な問題となった。酸性雨の影響で森林が破壊され、湖の汚濁などの影響が出てしまった。ヨーロッパの国々は環境改善に取りかかり、他地域の国よりも環境に関する意識の高い環境先進国が多いんだ。

　現在では、大気汚染による温暖化が地球規模での問題となっており、ヨーロッパでは風力などの再生可能エネルギーを利用した発電が進められている。自然を体験と学ぶエコツーリズムも持続可能な観光として人気となっている。そのほかに、ヨーロッパの環境先進国であるいくつかの国の特徴的な活動を紹介しよう。

✅ ドイツ

　まずは**ドイツ**。大気汚染への取り組みのために、**パークアンドライド**という運動が推奨されている。パークアンドライドとは、自宅から自家用車で最寄りの駅またはバス停まで行き、車を駐車（パーク）させたあと、バスや鉄道などの公共交通機関に乗車（ライド）して目的地に向かうシステムなんだ。

　これにより、みんながそれぞれの自家用車で目的地に行くよりも汚染物質の排出を抑えられるんだね。このシステムは日本でもいくつもの地域で推奨されているよ。パークアンドライドには、環境問題への取り組みという点以外にも利点があるんだ。なんだかわかるかな。それは、渋滞の軽減と観光地の景観を壊さないことだよ。利点の多いパークアンドライドを広くおこなうためには、駐車場の整備が必要になる。国や地方自治体の協力が必要なんだ。

✅ フランス

　続いては**フランス**。フランスでは、大気汚染を防ぐためにパリなどの大都市で自転車のレンタルを広くおこない、自家用車の利用を減らす取り組みがなされている。また、**フランスは原子力発電の割合が非常に高い国**なんだ。

原子力発電の割合が環境に関係あるのですか？

うん。これには、環境問題以外にもさまざまな理由があるから難しいところなんだけれど、先進国の多くが火力発電中心なのに対して、フランスの原子力発電の割合は75％前後と非常に高い。

ちなみにドイツやアメリカ合衆国などの原子力発電の割合は20％に満たない。火力発電は石油や石炭などの化石燃料を燃焼させるため、大気汚染につながるんだ。

原子力発電には危険性があるため、フランスも原子力発電の割合を下げる方向に向かいつつあるが、世界的に見て原子力発電の割合が非常に高いことは覚えておこう。日本では、火力発電の割合がもっとも多くなっているよ。

✅ イギリス

次は**イギリス**。イギリスは**ナショナルトラスト運動**の発祥の地。ナショナルトラスト運動とは、自然環境や歴史環境を保護するために、複数の住民や有志がその土地を買い取ることにより保存していく制度や、それを進める運動のこと。残したい地域をみんなで購入し、開発されないようにする、この運動は日本でもおこなわれているんだ。

✅ スウェーデン

そのほかに、**スウェーデン**も環境先進国だ。環境問題への取り組みが早かったため、国際的には最初の環境会議である、1972年の「国連人間環境会議」がスウェーデンのストックホルムで開催されたんだ。

ヨーロッパには環境先進国が多いというイメージを持ちつつ、ここで紹介した4つの国の取り組みや特徴を覚えておこう。

テーマ 8 アフリカ州

■■ イントロダクション ■■

◆ アフリカ州の国と自然 ⇒ 国の名前と場所が一致しない生徒が多い州だよ。しっかりと覚えよう。

◆ アフリカ州の産業と文化 ⇒ 産業ではとくにプランテーションと鉱業に注目しよう。

アフリカ州の国と自然

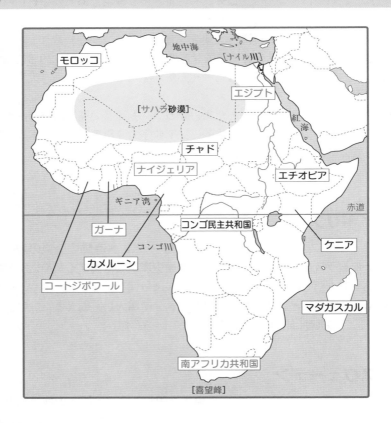

アフリカ州に関する学習を始めよう。ほかの地域にくらべて、国と場所を知らない人が多い地域だと思うけれど、地図を利用しておもな国については国名も覚えておこう。では、アフリカの自然環境について勉強してい

くよ。

　アフリカの北部にある世界最大の砂漠は**サハラ砂漠**という。サハラ砂漠の南側は**サヘル**と呼ばれ、半乾燥帯が広がり、砂漠化が進んでしまっているんだ。**砂漠化のおもな原因は過放牧**。放牧している家畜が、草を根こそぎ食べてしまうため、植物が減少し、砂漠化が進んでしまう。ほかには樹木の伐採も原因として指摘されているよ。もともと、放牧や森林伐採はおこなわれていたが、アフリカは人口が増加傾向にあり、人口増加にともなう家畜の増加や過度の開発が砂漠化の原因となっているんだ。

　エジプトに河口があり、地中海に注ぐ**ナイル川**は世界最長といわれている。流域面積世界最大の河川は**アマゾン川**。アマゾン川はブラジルに河口がある河川。しっかりと区別しておこう。

[チャドにあるサヘル]

[カイロ市内を流れるナイル川]

　「エジプトはナイルの賜物」という言葉を聞いたことはあるかな？　四大文明のひとつであるエジプト文明は、ナイル川がもたらす水と養分によって発達したと考えられるんだね。

　南アフリカ共和国南西部にある岬は**喜望峰**と呼ばれる。1497年に、バスコ＝ダ＝ガマが初めて喜望峰を回って、インドに到達したことで知られている。当時の欧米諸国の興味は、おもにインドの香辛料にあった。金と同等の価値で取り引きされたともいわれる香辛料を求めて、インドを目指したんだ。**コロンブス**もインドを目指して航海し、北アメリカ大陸を発見した。コロンブスが発見したところを西インド諸島というよね。

アフリカ州の産業と各国の特徴

アフリカの農業について説明していこう。

まず注目したいのが**プランテーション**。プランテーションとは単一作物をつくる大規模農園のことなんだ。植民地時代に、植民地から本国へ輸出することを目的としてつくられたものが多い。たとえば、**コートジボワールではカカオのプランテーション**があり、カカオの生産量が世界1位、**ガーナも同じくカカオのプランテーション**が広がっている。日本は多くのカカオをガーナから輸入しているよ。

ケニアでは茶の栽培がさかんで、これもプランテーションで栽培されているよ。特定の商品作物に頼った経済を**モノカルチャー経済**という。単一作物に頼っているから、自然環境の変化などには適応しにくくなるため、不安定な経済になりやすいという問題点があるんだ。コートジボワールやガーナ、ケニアのようなプランテーションのある国ではモノカルチャー経済になりやすいんだ。

ナイジェリアは石油の産油量が多く、OPEC加盟国となっている。OPECは覚えているかな？　石油輸出国機構といって、サウジアラビアやアラブ首長国連邦が加盟している機関だったね。また、ナイジェリアは、**人口がアフリカでもっとも多く、世界7位**ということも覚えておいてほしい。

南アフリカ共和国で産出量が多いものは白金と金。白金とはプラチナのことだけれど、白金の生産量は世界でもっとも多く、世界に占める南アフリカの白金生産量の割合は70%以上なんだ。また、南アフリカ共和国では、**レアメタル**と呼ばれる希少金属も産出されているよ。

エジプトでは観光業がさかん。ピラミッドやスフィンクスなどの有名な建造物が多く、訪れる人が多いんだね。エジプトに関しては国境が直線であることも入試問題でよく出題されるよ。なぜ国境が直線になっているか、知っているかな？

植民地だったことが関係していると聞いたことがあります。

そのとおり。よく知っているね。

アフリカの国の多くがイギリスやフランスの植民地だったんだ。どこの国がどこの植民地だったかを細かく覚える必要はない。アフリカ州の西側の国の多くはフランスの植民地、アフリカ州の東側の国の多くはイギリス領だったという把握で十分。

大切なのは、イギリスとフランスが、アフリカの多くの国を植民地としていた時代に、緯度や経度を基準にして、国境を人工的に定めたこと。その代表的な国がエジプト。緯度と経度を基準に国境を定めたため、国境が直線になっているんだ。地図で確認しておこう。

知っていますか？

国境に関して、まとめておこう。

島　国……四方を海に囲まれており、他国と陸で接しない。海が国境となる国。

内陸国……海に面していない国。他国と陸続きとなっている。

内陸国の国境は山脈や河川といった自然環境を基準にする決め方や、緯度や経度を利用した人工的な決め方がある。イタリアとスイスの国境はアルプス山脈を基準としており、タイとラオスはメコン川が国境となっている。アメリカ合衆国とカナダの国境は北緯49度を境にしているため、直線となっているよ。

植民地時代のアフリカに関して、もう少し学習していこう。

16世紀ごろ、アフリカはイギリスやフランスなどのヨーロッパの国に侵略され、植民地となった。原住民の黒人は奴隷となり、北アメリカ州や南アメリカ州に多く連れていかれた。これを奴隷貿易というよ。

第二次世界大戦後、世界的に民主主義や民族主義の運動が高まり、アフリカでも1950年代から独立する国が出てきた。とくに1960年前後に独

立を果たした国が多いため、**1960年を「アフリカの年」という。**

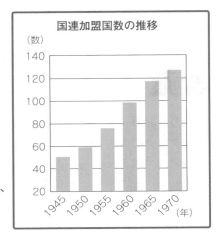

国連加盟国数の推移

ここで、国際連合加盟国数の推移を紹介しよう。1945年に設立された国際連合の原加盟国は51か国。グラフを確認していくと、1955年から1965年にかけて加盟国が比較的大きく増加していることがわかるかな。この期間に加盟国が大きく増加している理由には、「アフリカの年」が関係している。アフリカで多くの国が独立を果たし、国際連合に加盟することで、国連の加盟国数が増えたんだ。1960年代に国連加盟国数が大きく増えた理由を問う問題もよく出題されるので、「アフリカの年＝1960年」をしっかり覚えておこう。

南アフリカ共和国の政治では、少数の白人が黒人を支配する政治が第二次世界大戦前から続いており、**アパルトヘイト**という人種隔離政策がとられていた。アパルトヘイトのため、黒人には長い間選挙権が与えられず、住むところも人種によって決められたんだ。このような差別的な政策に対して、黒人の反対運動が続き、国際社会からも批判され、1991年にアパルトヘイトが廃止になったんだ。1994年には、黒人の大統領であるマンデラの政権が成立したが、現在も南アフリカ共和国内での人種差別は残っている。また、治安の悪化などの社会問題も抱えているんだ。

社会問題では、アフリカ全体で**スラム**の形成が問題になっているよ。発展途上国であるアフリカの国でも都市化が進み、工業化が進んでいる国もある。**アフリカは人口増加の激しい地域**であるため、貧しい農村に住みきれなくなった人が、仕事などを求めて都市に移住することが増えているんだ。都市でも仕事が足りず、移住者が公共用地に住居を設けてスラムを形成しているんだ。

アフリカの国々は2002年に**アフリカ連合（AU）**を結成。本部はエチオピアに置かれているよ。EUを手本に経済成長と貧困抑制を目的とした組織なんだ。また、アフリカの国々に対して、先進国や**NGO（非政府組織）**は医療支援や開発のための援助を行っている。

アフリカの宗教に関しては北部でイスラム教を信仰する国が多い。南部には植民地の影響でキリスト教徒が多い国や、伝統的な独自の宗教を持つ国もある。**アフリカの北部がイスラム教中心**であることは覚えておこう。

テーマ8　アフリカ州のポイント

● アフリカ州の国と自然

サハラ砂漠：世界最大の砂漠。過放牧などが原因で砂漠化が進む

※**サヘル**：サハラ砂漠の南の半乾燥帯の地域。砂漠化が進行している

ナイル川：世界最長の河川で、エジプトに河口がある

喜望峰：バスコ＝ダ＝ガマが初めて喜望峰を通って、インドに到達

● アフリカ州の農業

プランテーション：単一作物をつくる大規模農園

● **コートジボワール**……カカオのプランテーション。カカオの生産量が世界1位

● **ガーナ**……カカオのプランテーション。日本が多くのカカオを輸入

● アフリカ州の鉱業

ナイジェリア：アフリカ最大の産油国。アフリカでもっとも人口が多い（世界7位）

南アフリカ共和国：白金の生産量世界1位。金やレアメタルも産出される

● アフリカ州の歴史的背景と問題点

奴隷貿易：かつてアフリカの原住民を奴隷として北アメリカや南アメリカに輸出

➡**アフリカの年**：アフリカで独立国が多く成立した1960年を指す

アパルトヘイト：南アフリカ共和国で実施されていた人種隔離政策

スラム：都市化と人口増加の影響で形成。社会問題になっている

テーマ 9 オセアニア州

::■ イントロダクション ■::

◆ **オセアニアの国と自然** ➡ オーストラリアの気候は入試頻出。地名といっしょに
もう一度確認しよう！

◆ **オセアニアの産業と文化** ➡ 日本に多くの資源を輸出しているオーストラリアの
産業に注目しよう。

オセアニアの国と自然

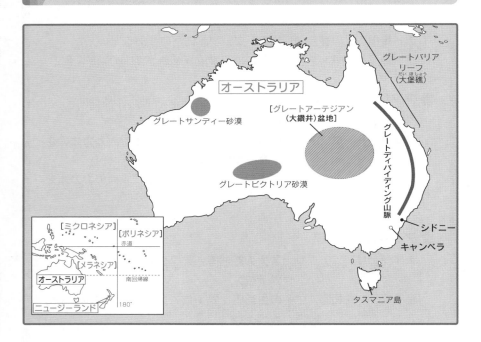

オセアニアの自然に関して学習していこう。六大陸でもっとも小さい大
陸がオーストラリア大陸。この大陸をオーストラリアが一国で占めている。
オーストラリアは世界で6番目の面積を持つ国で、日本の南に位置している。
国土は広いものの、グレートビクトリア砂漠やグレートサンディー砂漠と
いった、**乾燥帯の地域が内陸部には広がっている**。沿岸部の南東部や
南西部は温帯となっていて、くらしやすい気候のため、人口が集中してい
るんだ。首都のキャンベラや大都市のシドニーなどの位置を確認しておこう。

ニュージーランドは西岸海洋性気候で、過ごしやすい気候となっているよ。オーストラリアやニュージーランドは南半球に位置しているため、夏と冬の時期が日本と反対なのは覚えているかな？　日本では12月は寒い季節だけれど、オーストラリアでは暑い季節なんだ。北半球と南半球で季節は反対になることをおさらいしておこう。

太平洋上の島々は**ポリネシア**、**ミクロネシア**、**メラネシア**という3つの地域に分けられる。左ページの地図を参考にしながら場所を確認しよう。ツバルという島国を知っているかな？　ツバルはポリネシアの最西端に位置する島国で、**地球温暖化**の影響で水没が心配される国なんだ。化石燃料を燃やすことによって発生する二酸化炭素などの温室効果ガスの排出により、地球の気温が上昇してしまう現象を地球温暖化という。地球温暖化により、海水面が上昇するなどの影響があり、地球温暖化は世界全体で取り組むべき環境問題になっているよ。

オーストラリアの東部にある**グレートディバイディング山脈**の西には、**グレートアーテジアン盆地**がある。グレートアーテジアン盆地は大鑽井盆地ともいう。大鑽井盆地では羊の飼育がさかんで、世界有数の羊毛の生産地となっている。ニュージーランドも**羊毛**の生産量が多い国なので、いっしょに覚えておこう。ちなみに、今まで紹介してきたオーストラリアの地名の多くが「グレート……」という名称なのに気がついたかな。少し覚えやすくなるよね。

オセアニア州の産業と社会

オーストラリアとニュージーランドの国旗に、イギリスの国旗が入っていることは知っているかな？　2つの国は、もともとイギリスの植民地だったため、国旗にイギリスの国旗が入っているんだ。

[イギリス国旗]

[オーストラリア国旗]

[ニュージーランド国旗]

※色は実際の国旗の色とは異なります。

ちなみにイギリスの国旗をユニオンジャックというよ。

イギリスの植民地だったオーストラリアは、イギリスとの貿易がさかんだった。その後、日本との貿易がさかんになり、オーストラリアの最大の貿易相手国が日本という時期が続いたんだよ。それが、近年の中国の経済成長の影響で、オーストラリアの最大の貿易相手国は中国になったんだ。それでも、依然として日本はオーストラリアから多くの資源を輸入しているよ。

オーストラリアは鉄鉱石と石炭の生産量が多く、日本がもっとも多く鉄鉱石と石炭を輸入しているのがオーストラリアなんだ。ちなみに鉄鉱石と石炭の輸入相手国1位がどちらもオーストラリアのため、2位も覚えておかないと区別がつかずに問題が解けない。次の表を確認して、しっかり覚えよう。

【日本の輸入相手先】

	鉄鉱石	石炭
1位	オーストラリア	オーストラリア
2位	ブラジル	インドネシア
3位	カナダ	ロシア連邦
4位	南アフリカ共和国	アメリカ合衆国

※2019年の金額ベース。
（『日本国勢図会2020/21』より作成）

【鉄鉱石・石炭・ボーキサイトの生産量】

	鉄鉱石	石炭	ボーキサイト
1位	オーストラリア	中国	オーストラリア
2位	ブラジル	インド	中国
3位	中国	インドネシア	ブラジル
4位	インド	オーストラリア	ギニア

※2016年の生産量。鉄鉱石のみ2015年。
（『世界国勢図会2019/20』より作成）

上の表中のボーキサイトというのは、アルミニウムの原料。オーストラリアでの生産量が多い。近年は中国でも多く産出されるようになった。中国は上記の資源すべての生産量が多い。近年の著しい経済成長により、

資源を自国で消費するようになったため、資源の輸出は少ないんだ。

　なお、オーストラリアでの鉄鉱石と石炭の産出では、露天掘りという方法がとられていることもおさえておこう。露天掘りとは地表面から渦を巻くように地下めがけて掘っていく方法（47ページ参照）。坑道をつくって採掘する方法にくらべて、掘る面積が広くなる。そのため、環境に与える悪影響が大きいと指摘されているんだ。

　鉱業のほかにも、オーストラリアでは畜産がさかんで、羊毛や肉類の生産がさかん。日本も多くの肉類をオーストラリアから輸入しているよ。ニュージーランドでも酪農がさかんなんだ。

　オーストラリアも加盟しているAPEC（アジア太平洋経済協力会議）は、アジアと太平洋に位置する国と地域が参加する、経済協力を目的とした組織。太平洋地域の持続可能な発展を目的としたものなんだ。日本ももちろん参加しているよ。日本などのアジアの国々のほかに、アメリカ合衆国やオーストラリア、ニュージーランドも参加しており、規模の大きな経済協力の組織となっている。

　オーストラリアの文化に関しても注目していこう。オーストラリアの先住民はアボリジニーという。アボリジニでもOK。ニュージーランドの先住民はマオリというよ。

　18世紀、オーストラリアはイギリスによって侵略され、イギリスの植民地となった。20世紀の初頭にはオーストラリアで金鉱が発見され、採掘のために中国人の移民が急増した。中国からの移民により、白人の仕事が奪われたことなどを背景に、オーストラリアではイギリス系の移民以外を閉め出す白豪主義という政策がとられた。1970年ごろから白豪主義政策をやめ、現在では多文化主義をとっている。多様な民族が共存できる、それぞれの文化を尊重した、多文化社会を目指しているんだ。

　また、先住民であるアボリジニーの文化や生活を保護する政策もとられている。

テーマ9　オセアニア州のポイント

● オセアニア州の産業と社会

| 産　業 |

APEC（アジア太平洋経済協力会議）：オーストラリア、ニュージーランドも参加

オーストラリアは鉄鉱石・石炭・肉類の輸出がさかん

オーストラリアはボーキサイトの生産量世界1位

オーストラリア・ニュージーランドは羊毛の生産がさかん

《日本のおもな輸入先》

●鉄鉱石：オーストラリア、ブラジルから輸入

●石　炭：オーストラリア、インドネシアから輸入

●肉　類：アメリカ合衆国、オーストラリアから輸入

| 社　会 |

オーストラリアの先住民……アボリジニー

ニュージーランドの先住民……マオリ

白豪主義（オーストラリアの白人以外の閉め出し政策）

➡現在は多文化社会の構築を目指す（多文化主義）

テーマ⑩ 南アメリカ州

■:■ イントロダクション ■:■

◆ 南アメリカ州の国と自然 ⇒ 有名な河川や山脈が登場。気候や農業といっしょに確認しよう。

◆ 南アメリカ州の産業と文化 ⇒ ブラジルの産業にはとくに注目！ さまざまな産業があるので、しっかり整理しよう。

南アメリカ州の国と自然

さっそく南アメリカ州の自然をチェックしていこう。まず重要なのは**ア マゾン川**。**流域面積が世界最大の河川**で、日本の面積のおよそ19倍もあるんだ。

たしかブラジルの面積は日本の約23倍でしたよね。アマゾン川の流域面積が日本の約19倍？　本当ですか？

　本当だよ。もしかしたら、「流域面積」について勘違いしているかもしれない。流域面積は川の面積ではない。流域面積について確認しておこう。

少し **くわしく** 流域面積

　川幅は雨量によって変わるため、河川の幅を一定のものとして計測することはできない。流域面積とは、降った雨や雪が流れ込む範囲の土地の面積を指す。X地点に降った雨がY河川に流れていくなら、X地点はY河川の流域面積に含まれることになる。このように河川に雨が集まる地点をまとめた面積が流域面積である。なお、日本の河川で流域面積が最大なのは関東地方にある利根川（とねがわ）である。

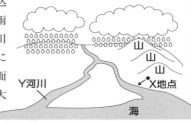

　アマゾン川の話を続けよう。アマゾン川の河口はブラジルにあり、大西洋に注ぐ。アマゾン川の河口付近は赤道に近く、アマゾン川の周辺の大部分が熱帯気候になっているよ。
　アマゾン川流域にはセルバと呼ばれる熱帯雨林（ねったいうりん）が茂っている。この**熱帯雨林の伐採（ばっさい）**がおこなわれていて、環境問題になっているんだ。日本などの先進国へ輸出する木材を得るために伐採したり、農地を確保するために**焼畑農業（やきはたのうぎょう）**をおこなったりしているのが伐採のおもな原因になっているんだ。

　南アメリカ州の西側にそびえるのは**アンデス山脈**。**環太平洋造山帯（かんたいへいようぞうざんたい）**に含まれる高くて険しい山脈なんだ。
　アンデス山脈の西のふもとにチリがある。非常に細長い国だ。チリの隣の国であるアルゼンチンに広がる草原地帯を**パンパ**という。パンパはラ

プラタ川の流域にあるので、河川とセットで覚えておくといいね。温暖湿潤気候やステップ気候（乾燥帯のひとつ）に広がるパンパはアルゼンチンの穀倉地帯になっている。小麦やとうもろこし、大豆などの穀物の栽培と放牧がさかんだよ。パンパ周辺の気候の問題もよく出題されるから、とくに重要だよ！

南アメリカ州の産業と歴史的背景と社会

ブラジルの産業からチェックしていこう。

ブラジルは経済成長の著しいBRICSのひとつ。ブラジルは南アメリカ州で最大、世界5位の面積を持ち、人口も南アメリカ州でもっとも多い。さらなる経済成長が期待されているんだ。

ブラジルはポルトガルの植民地だったことを背景に、**コーヒー**や**さとうきび**の**プランテーション**がつくられた。コーヒー、さとうきびの生産量は世界1位。そのほかにも大豆やとうもろこし、オレンジの栽培もさかんなんだ。農業だけでなく畜産もさかんで、牛や豚の飼育頭数が多い。鉱業では**鉄鉱石**やボーキサイトの産出量が多い。日本がもっとも多く鉄鉱石を輸入しているのはオーストラリアで、2番目がブラジルなんだ。

このような産業に加えて、現在では、さとうきびから**バイオエタノール**の精製がさかんにおこなわれている。バイオエタノールを燃料に走る自動車の生産、流通が促進されているよ。

知っていますか？

バイオエタノール（バイオ燃料）の生産量の多い国として、重要な国はアメリカ合衆国とブラジル。

- **アメリカ合衆国**……おもにとうもろこしを原料としてバイオエタノールを生産。
- **ブラジル**……おもにさとうきびを原料としてバイオエタノールを生産。

アメリカ合衆国はとうもろこしの生産量が世界1位。ブラジルのさとうきび生産量は世界1位。区別しながら、セットにして覚えておこう。

ブラジルの工業も発達していて、自動車産業がさかんになっている。バイオエタノールを利用した自動車工業で注目されているんだ。また、バイオエタノールによる発電もおこなわれている。発電に関しては、**ブラジルは水力発電が中心**であることも覚えておこう。石炭などの化石燃料も産出されるが、火力発電は多くない。水力発電の割合が80％程度を占めるんだ。

　そのほかには航空機の製造がさかん。コーヒーが有名すぎて工業化が進んでいるイメージがないかもしれないけれど、コーヒーに関する知識だけでは足りないので、しっかり確認してほしい。

> ブラジルの経済発展について、よくわかりました。
> ほかの国の産業についても教えてください。

　では、次にブラジル以外の国の産業に注目していこう。
　ブラジルと同じく、コーヒーのプランテーションがあり、**コーヒーの生産量世界3位の国がコロンビア**。

　アルゼンチンはパンパで畜産業や穀物生産がさかん。牛肉やとうもろこし、さとうきびの生産量が多い。工業では自動車産業がさかん。ブラジルとアルゼンチンで生産がさかんなものの多くは共通しているので、ブラジルをしっかり覚えておけば簡単だよね。

　アルゼンチンの隣の細長い国、チリの産業で大切なのは銅の生産がさかんなこと。銅鉱の産出量世界1位がチリなんだ。銅鉱の産出量3位はペルー。ペルーは銅鉱以外にも資源が豊富な国で、銀、銅、亜鉛、すずの生産がさかん。ペルーは漁獲量が多いことでも有名。ベネズエラでは原油の生産がさかん。ベネズエラはOPEC（石油輸出国機構）の原加盟国なんだ（「原加盟国」とは設立当初からの加盟国のこと）。

【金鉱・銀鉱・銅鉱・白金の生産量（2016年）】

	金　鉱
1 位	中国
2 位	オーストラリア
3 位	ロシア連邦
4 位	アメリカ合衆国
5 位	カナダ

	銀　鉱(2015)
1 位	メキシコ
2 位	ペルー
3 位	中国
4 位	オーストラリア
5 位	ロシア連邦

	銅　鉱(2015)
1 位	チリ
2 位	中国
3 位	ペルー
4 位	アメリカ合衆国
5 位	コンゴ民主共和国

※南アフリカ共和国が5位以内に入ることもある

	白金（プラチナ）
1 位	南アフリカ共和国
2 位	ロシア連邦

※南アフリカ共和国が約70%を占める　　　　　（『世界国勢図会2019/20』より作成）

　先ほどの農業に関する説明で、プランテーションという単語が出てきたけれど、プランテーションについては覚えているかな？

　プランテーションは多くの場合に植民地時代につくられたもので、大規模な農園のことだったよね。南アメリカ州の多くの国は、植民地だった歴史を持っている。ポルトガルの植民地だった**ブラジルの公用語はポルトガル語**。スペインの植民地だった**南アメリカ州の多くの国ではスペイン語が話されている**。言語だけでなく、宗教への影響も大きく、**南アメリカ州はキリスト教のカトリック信者が多い**地域になっているよ。

　エクアドルはスペイン語で「赤道」を意味する。南アメリカ州の歴史にスペインがかかわっていることがわかるね。エクアドルは赤道が通るため、赤道を見つける目印になることは紹介したよね（11ページ参照）。忘れていたら、もう一度覚えなおそう。ペルーはかつて栄えたインカ帝国の中心地。スペインに滅ぼされ、ペルーはスペインの支配下に入った。

　南アメリカ州の先住民についても知っておこう。

　南アメリカ州の先住民は**インディオ**と呼ばれる人々。先住民と白人系との混血は**メスチソ（メスティーソ）**と呼ばれるよ。

テーマ 10　南アメリカ州のポイント

● **南アメリカ州の国と自然**

アマゾン川……流域面積が世界最大。ブラジルに河口があり、河口
　　　　　　は赤道に近い

アンデス山脈……南アメリカ州の西に位置し、環太平洋造山帯の一部

パンパ……アルゼンチンなどの温帯、ステップ気候の地域に広がる
　　　　　草原地帯

● **南アメリカ州の産業と歴史的背景**

| 産　業 |

ブラジル　　：❶さとうきび、コーヒーのプランテーション
　　　　　　　❷鉄鉱石の生産世界2位、日本への鉄鉱石の輸出2位
　　　　　　　❸バイオエタノールの生産がさかん
　　　　　　　❹BRICS のひとつ

コロンビア：コーヒーの生産がさかん

チリ　　　　：銅鉱の産出世界1位

ペルー　　　：資源が豊富で、漁獲量が多い

| 歴史的背景 |

●植民地時代とその影響

国	旧宗主国	公用語	おもな宗教
ブラジル	ポルトガル	ポルトガル語	キリスト教（カトリック）
ブラジル以外	スペイン	スペイン語	キリスト教（カトリック）

●先住民

インディオ……南北アメリカ大陸の先住民

メスチソ（メスティーソ）……インディオと白人系の混血

MEMO

ブラジル

　コーヒーやさとうきび、オレンジの生産がさかんな農業大国ブラジルは、農業だけでなく、バイオエタノールの生産や自動車、航空機の生産に力を入れるなど、技術面でも世界をリードする存在になっている。

　ブラジルは人口が約2億人で南アメリカ州随一。面積も日本の約23倍を誇り、南アメリカ州で最大。GDP（国内総生産）も南アメリカ州でもっとも高い国である。近年の経済成長が著しく、BRICSのひとつとして期待されている。そんなブラジルの国際的な地位や、日本との関係に注目しよう。

✓ ブラジルの国際的な地位

　国際連合の機関のなかに**安全保障理事会**という重要な機関が存在する。安全保障理事会は**常任理事国**の5か国と、総会で選出された非常任理事国の10か国の計15か国で構成される。

> 安全保障理事会　＝　常任理事国　＋　非常任理事国
> 　　　　　　　　　　（5か国）　　　（10か国）

　常任理事国はアメリカ合衆国、フランス、ロシア連邦、中国、イギリス。この5つの国はつねに安全保障理事会に参加する。また、安全保障理事会ではこの5つの国に**拒否権**が認められており、5つの国のいずれかが反対した場合には、安全保障理事会の決定を覆すことができる。

　非常任理事国はそれぞれの州のなかから何か国を選出するかがあらかじめ決まっていて、立候補した国のなかから選出される。任期は2年で、連続して立候補することはできないしくみになっている。非常任理事国入りを多く果たしているのが日本とブラジルなんだ。

　また、ブラジルのリオデジャネイロでは、1992年に**地球サミット**（環境と開発に関する国際連合会議）が開催され、「持続可能な開発」を目指すリオ宣言が採択された。

「アフロ注意！」

　安全保障理事会の常任理事国である**アメリカ合衆国**、**フランス**、**ロシア連邦**、**中国**、**イギリス**の頭文字をとると「**ア・フ・ロ・注（中）・意（イ）**」になる。有名なゴロ合わせだよ。この五大国は拒否権を持つ非常に権限の大きな国。試験にもよく出る。しっかり覚えよう。

✓ ブラジルと日本の関係

　日本の真裏に位置するといわれるのがブラジル。正確にはブラジルやアルゼンチンに近い大西洋上が日本の真裏。日本からもっとも遠い国といえるブラジルだが、**ブラジルには日系人が多い**という特徴がある。

　明治時代に急激な人口増加が起こった日本では、働き先が不足するなどの問題が生じ、大規模な移住を奨励する政策がとられていた。ハワイに渡る日本人も多かったが、就労場所を奪われることを嫌ったハワイから日本人移民の受け入れが実質的に拒否され、その後は多くの日本人がブラジルに渡った。

　ブラジルには広大なコーヒー農園があり、労働者が不足する状況であったため、日本人移民が労働力を提供することができ、移民として受け入れられた。移民110周年を迎えた現在では、200万人にもおよぶ日系人がブラジルでくらしているといわれている。

[ブラジル、サンパウロの街の様子]

11 北アメリカ州

:: イントロダクション ::

◆ 北アメリカ州の国と自然 ➡ ロッキー山脈を基準に、気候の全体像をつかもう。
適地適作のアメリカでは、気候の理解が農業の理解に直結するぞ。

◆ 北アメリカ州の産業と文化 ➡ 農業と工業を中心にマスターしよう！

北アメリカ州の国と自然

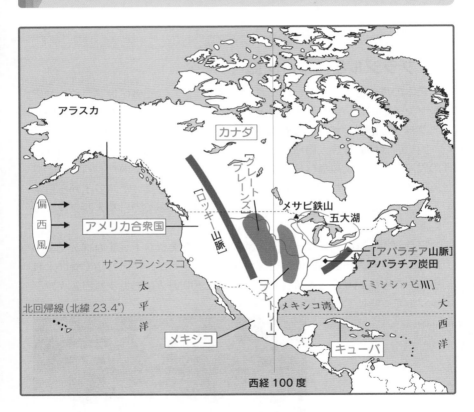

　北アメリカ州の自然について紹介していくよ。北アメリカ州の西側にあるロッキー山脈は環太平洋造山帯に含まれる高くて険しい山脈。ロッキー山脈はアメリカの気候に大きく影響しているんだ。

湿潤な偏西風がロッキー山脈にさえぎられるため、ロッキー山脈の東側には乾燥した風が吹く。陸地から発せられる蒸気などにより、ロッキー山脈から離れると降水量が多くなっていく。**西経100度の位置＝年間の降水量およそ500mmの地域**となっているよ。

ロッキー山脈から西経100度の線までは乾燥した気候に、西経100度の線からアパラチア山脈までは温暖湿潤気候になっている。ちなみに、ロッキー山脈より西側の太平洋沿岸でも温帯の地域がみられる。

サンフランシスコは地中海性気候、カナダの太平洋沿岸部では西岸海洋性気候になっている。気候に関して説明を続けるよ。北緯40度以北、五大湖周辺から北の地域は冷帯になっている。当然カナダの気候は冷帯が中心となり、北部では寒帯の地域がある。カナダには**タイガ**と呼ばれる針葉樹林が広がっているよ。

ロッキー山脈と**アパラチア山脈**にはさまれた地域には中央平原と呼ばれる平野が広がっている。

中央平原の西には、乾燥した草原と温帯の草原が広がっている。乾燥した草原を**グレートプレーンズ**、温帯の草原を**プレーリー**というよ。プレーリーは**ミシシッピ川**の流域に広がっている。先ほど紹介したように、ロッキー山脈を基準にしてアメリカの気候を考えると、グレートプレーンズとプレーリーの位置を間違えなくてすむよ。

アメリカは**ハリケーン**の被害が多い、ということは知っていたかな。**アメリカの南東部でとくにハリケーンの被害が多くなっているんだ！**

北アメリカ州の産業と文化

　北アメリカ州の農業から紹介していくよ。

　まず注目したいのがアメリカ合衆国の農業。アメリカの農業を理解するうえで欠かせないのが、気候の特徴。①ロッキー山脈から東に進んでいくと降水量が多くなる、②西経100度をおよその境にして、西は乾燥した気候、東は温暖湿潤気候、というのは理解できているかな？　アメリカの農業には、適地適作という特徴があり、地域によって栽培がさかんなものが比較的はっきりと分かれている。適地適作により生産するさいのコストを抑えているんだ。地域ごとの区分を、下の略地図「アメリカの農業地域区分」を確認しながら見ていこう。

【アメリカの農業地域区分】

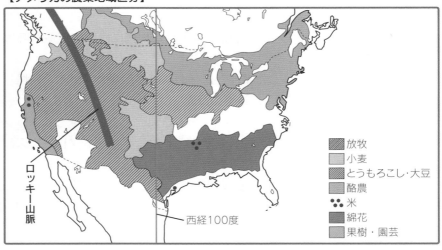

　ロッキー山脈の東側から順にチェックしていくよ。ロッキー山脈の東側は降水量が少ないため、放牧が中心。降水量をあまり必要としない牧草を育て、放牧しているんだね。

　放牧地の東では小麦の生産がさかんな地域が2か所あるのに気づくかな。**小麦は冷涼な気候を好む**特徴があるけれど、当然寒すぎては栽培できない。カナダとの国境に広がる場所では、春に種をまく春小麦の栽培がさかん。

これに対して南のほうの栽培地域では、冬に種をまく**冬小麦**の栽培がさかん。アメリカの農業地域区分に関しては、略地図を利用したものがよく出題される。2か所に同じ作物の印がついていたら、「小麦」の可能性が高いよ。さらに東に進んでいこう。

　春小麦の地域の東では酪農（らくのう）がさかんとわかるね。ニューヨークやシカゴなどの大都市に輸送しやすいという利点があるんだ。酪農（らくのう）地帯（ちたい）の南部には**とうもろこし**畑が広がっている。とうもろこしは人間も食べるけれど、飼料作物としても流通しているんだ。飼料作物とは家畜のえさになる作物のこと。気がついたかな？

　酪農地帯のすぐ近くで飼料作物であるとうもろこしを栽培することで、酪農地帯に輸送しやすくしているんだ。酪農がさかんな地域ととうもろこし生産の中心地はセットで覚えておこう。また、アメリカはとうもろこしから**バイオエタノール**を生産していることもおさえておこう。

　アメリカの南東部には綿花の栽培地域が広がっている。綿花の栽培には温暖な環境と降水量が必要になる。アメリカの南東部は温暖湿潤気候になるため、綿花の栽培に適しているといえるね。ちなみに、**太平洋沿岸に分布する地中海性気候の地域では果樹栽培がさかん**。夏に乾燥する気候をいかして、果物を栽培しているんだ。

どこで何を栽培しているのか、
理由がわかると覚えやすくなりますね。

　そうなんだ！　丸暗記するだけでは知識は定着しにくい。理由や関連性
を持たせて覚えるようにしよう！　アメリカのような広大な土地で、どん
な作物の栽培に適しているか考えた結果が今の適地適作なので、ほかにも
理由はあるだろうけれど、紹介した理由を参考にしながら、アメリカの農
業地域区分を理解しよう。

　アメリカの農業のもうひとつの特徴が、大規模な農業をおこなっている
こと。**農家一戸当たりの耕地面積も広く、大型の機械を使用した大規
模な農業**がおこなわれている。

[アメリカの大規模農場の様子]

　小型の飛行機で農薬を散布している写真を見たことはないかな？　さら
に、栽培だけでなく流通や販売などをまとめておこなう企業的な農業も
さかんになっているんだ。

　近年では、穀物の流通、販売は穀物メジャーと呼ばれる多国籍企業が
独占的におこなう状況にある。多国籍企業とは、複数の国で流通・販売を
おこなう企業のことをいう。アメリカの農業の規模は非常に大きく、「世
界の食料庫」といわれるように、**世界最大の農業生産国がアメリカ**な
んだ。とうもろこし、大豆の生産量は世界1位。小麦の生産量は世界4位。
牛の飼育頭数も多く、日本は牛肉を多く輸入しているよ。

アメリカ合衆国以外の国の農業も確認していこう。

カナダは小麦の生産がさかん。アメリカの農業地域区分で確認した春小麦の地域はカナダにもつながっているんだ。ほかには林業がさかんな国だね。**日本は多くの木材をカナダから輸入している**よ。

キューバの農業では、さとうきびのプランテーションがあり、砂糖の輸出が経済を支える。もとはアメリカの支配地だったけれど、革命により社会主義国家に転換。**キューバは現在も社会主義体制を継続している**数少ない国だよ。キューバの位置もしっかり覚えようね。戦後、アメリカを中心とする資本主義諸国と、ソ連を中心とする社会主義諸国が戦火を交えずに対立する**「冷戦（冷たい戦争）」**が起こった。冷戦下で両国間の緊張がもっとも高まった事件といわれるのが**キューバ危機**。キューバにミサイル基地を設置する計画が発覚し、反対するアメリカとソ連が対立し、「あわや第三次世界大戦か!?」という緊張が高まった事件。結局はミサイルの撤去により危機が回避されたよ。キューバの位置を知らずにキューバ危機を覚えても、しっかりと理解したことにはならない。地理は社会の学習の基礎にもなるね。

北アメリカ州の説明にもどるよ。工業の説明に入っていくよ。まずはGDP（国内総生産）世界1位のアメリカからチェックしよう。

アメリカの工業化は北部を中心にスタートした。北部の**メガロポリスと五大湖周辺を中心に工業化が進展**したんだ。五大湖周辺にはメサビ鉄山、アパラチア炭田がある。豊富な国土と資源に支えられ、20世紀には世界最大の工業国として発展したんだ。

メガロポリスとはニューヨークを中心とした都市群のこと。デトロイトの自動車、ニューヨークやボストンの機械工業、シカゴの金属工業というように、メガロポリスと五大湖周辺には多くの工場が進出した。1950年代から1960年代にかけて重工業が発展したが、1970年代では日本やヨーロッパなどで工業化が進み、北部の工業地域は停滞しはじめた。とくにデトロイトの自動車は有名だったけれど、近年は他国の安い自動車との競争に苦戦し、経済状況は悪化しているよ。

新しい分野の工業に関しては、南部や西部に工場が進出した。そのため、**航空産業などの先端技術産業は北緯37度以南の地域で発達**した。このようなハイテク産業（先端技術産業）がさかんな地域を**サンベルト**という。

　ロサンゼルスの航空産業やヒューストンの石油化学工業、電子産業などのハイテク産業がさかんなんだ。**航空機を輸出している国としてアメリカとフランスが有名**だったよね（69ページ参照）。メキシコ湾岸では石油がとれる。アメリカは世界でもトップクラスの産油国だけど、石油の輸入も非常に多いんだ。化石燃料を多く消費しているため、地球温暖化の原因といわれている二酸化炭素の排出量が非常に多い国だよ。中国とアメリカの化石燃料の消費量が非常に多いことも把握しておこう。

　一応確認しておくと、中国は石炭の生産量が世界1位で、それでも石炭を輸入しているんだったね。中国の大気汚染は非常に深刻なんだ。

石油の産出量（2018）	
1 位	ロシア連邦
2 位	アメリカ合衆国
3 位	サウジアラビア
4 位	イラク
5 位	カナダ

石油の輸入量（2016）	
1 位	アメリカ合衆国
2 位	中国
3 位	インド
4 位	日本
5 位	韓国

※重量ベース。
（『世界国勢図会2019/20』より作成）

　アメリカの工業に関して、もうひとつ重要な用語を紹介したい。

　サンベルトのなかでも、アメリカの南西部、サンフランシスコの付近を**シリコンバレー**というんだ。電子工業が非常にさかんな地域。半導体や集積回路などの電子機器の生産がさかんなので、半導体の代表的な素材であるシリコンから名づけられた。

　日本でも電子工業がさかんな九州地方はシリコンアイランド、東北地方はシリコンロードと呼ばれるけれど、これらの呼び方はシリコンバレーにならってつけられたものだよ。

続いてメキシコに注目しよう。

メキシコは自動車工業や機械工業が発達していて、NIES（新興工業経済地域）のひとつなんだ。NIESというとアジアNIESが有名だけれど、ブラジルとメキシコがラテンアメリカNIESとなっている。工業化が進んでいる国というイメージを持っておこう。

メキシコはアメリカ合衆国、カナダとNAFTA（北米自由貿易協定）を結んでいる。これは経済発展を目的とした協定で、域内では関税をかけない貿易をおこなっているんだ。また、**メキシコは銀の生産量が世界有数である**ことを覚えておこう。

最後に北アメリカ州の文化を紹介しよう。

1492年に**コロンブス**が西インド諸島に到達したことで、アメリカにはイギリスから多くの移民がやってきた。アメリカは、その後イギリスの植民地になるけれど、1776年にアメリカ独立宣言を東部13州が発表し、独立を果たす。現在は50州からなる国だよ。面積、人口はともに3位。原住民は**インディアン**と呼ばれる。アラスカの先住民は**イヌイット**という。アメリカに入植した白人やアフリカから奴隷として連れてこられた黒人の子孫など、多くの人種が生活している。また、メキシコなどのスペイン語圏からの移民である**ヒスパニック**も近年増加傾向にあり、アメリカは「人種のサラダボウル」といわれる。

メキシコは1521年にアステカ帝国をスペインに滅ぼされ、スペインに占領された歴史を持っているんだ。メキシコなどの中南米の先住民を**インディオ**という。**カナダでは、英語とフランス語が公用語として認められている**のが特徴的だね。カナダにはフランスからの移民が多いからなんだ。とくにケベック州では、フランス系の移民が多いよ。

テーマ11　北アメリカ州のポイント

● 北アメリカ州の国と自然

ロッキー山脈……環太平洋造山帯に含まれる高くて険しい山脈で、
　　　　　　　　偏西風をさえぎる

グレートプレーンズ……ロッキー山脈とアパラチア山脈にはさまれ
　　　　　　　　　　　た乾燥した草原（プレーリーの西）

プレーリー……ロッキー山脈とアパラチア山脈にはさまれた温帯の
　　　　　　　草原。ミシシッピ川の流域に広がる(グレートプレー
　　　　　　　ンズの東)

タイガ……カナダに広がる針葉樹林

● 北アメリカ州の産業と文化

アメリカ合衆国の農業

適地適作……気候や土壌の特徴をいかした栽培

● 果樹栽培：太平洋沿岸部の地中海性気候の地域でさかん

● 放牧：ロッキー山脈の東、グレートプレーンズでさかん

● 小麦：北部（カナダとの国境周辺）では春小麦、南部で冬小麦
　　　　の生産がさかん

● 酪農：アメリカの北部、五大湖周辺でさかん

● とうもろこし：飼料作物でもあるため、酪農をおこなう地域の
　　　　　　　　南部で栽培がさかん

● 綿花：南東部の温暖湿潤気候の地域で栽培がさかん

大規模農業……農家一戸あたりの耕地面積が広く、大型の機械を使
　　　　　　　用

企業的な農業……栽培・流通・販売などをまとめておこなう農業

穀物メジャー……穀物の流通、販売を独占的におこなうほどの巨大
　　　　　　　　な多国籍企業

　➡アメリカは世界最大の農業生産国

そのほかの国の農業

カナダ……木材の生産がさかんで、日本に多く輸出

キューバ……さとうきびのプランテーション

| アメリカ合衆国の工業 |

五大湖周辺……1950 年代〜 1960 年代にかけて工業が発展

メガロポリス……ニューヨーク周辺の大都市群

サンベルト……北緯 37 度以南の先端技術産業（航空機など）が発達した地域

シリコンバレー……サンフランシスコ付近の電子工業地域でサンベルトの一部

$\overset{\text{ナ フ タ}}{\text{NAFTA}}$（北米自由貿易協定）：アメリカ合衆国、カナダ、メキシコが加盟

| そのほかの国の工業 |

メキシコ：$\overset{\text{ニ ー ズ}}{\text{NIES}}$（新興工業経済地域）のひとつ。銀の生産がさかん

| 北アメリカ州の民族 |

インディアン……アメリカの先住民

イヌイット……アラスカの先住民

インディオ……メキシコなどの中南米の先住民

ヒスパニック……スペイン語圏からの移民（メキシコなどからアメリカへ）

アメリカ合衆国

　GDP（国内総生産）世界1位で、世界経済の中心であるアメリカ合衆国。
国際連合の本部が置かれ、国際社会の中心的な役割を担う側面も持つ。こ
こでは、世界の中心としてのアメリカ合衆国に注目しよう。

☑ アメリカ合衆国のGDP

　GDPは、その国の経済力を示す指標となる数字。まずはGDPのランキ
ングを見てみよう。

≪ GDPのランキング（2017）≫

❶ アメリカ合衆国	❻ フランス	⓫ ロシア連邦
❷ 中国	❼ インド	⓬ 韓国
❸ 日本	❽ ブラジル	⓭ オーストラリア
❹ ドイツ	❾ イタリア	⓮ スペイン
❺ イギリス	❿ カナダ	⓯ メキシコ

（『世界国勢図会2019/20』より作成）

　日本は現在GDPが世界3位。近年、中国に抜かれてしまった。中国は
人口が約14.3億人もいる国なので、国民一人あたりのGDPでは日本のほ
うが高いものの、中国の経済成長はめざましい。

少し〈わしく 「GDP」と「GNP」・「GNI」

　GDPとは国内総生産のこと。GDPは国内で生産されたものやサービスの合
計額なので、海外での日本企業や日本人の経済活動は日本のGDPには含まれ
ない。一方、GNPは国民総生産なので、海外で経済活動をおこなう日本人の
生産額を含むことになる。GNIは国民総所得で、同様に海外で経済活動をお
こなう日本人の所得（収入）を含む。

　以前は日本の景気を測るものさしとして、GNPが用いられていたが、海外
で経済活動をおこなう日本人や日本企業が増えたことや、GDPが国内の経済
状態をより正確に示す指標であるとして、最近ではGDPが用いられている。

　一方で、海外での活動が増えているため、GNIへの関心も高まってい
る。

✓ 国際金融都市

　アメリカ合衆国の大都市であるニューヨークは、世界有数の国際金融都市である。国際金融都市とは、証券取引所や外国為替市場などの国際金融取引が活発におこなわれている都市のこと。複雑な経済の内容が関係してくるけれど、金融に関する複雑な内容は出題されないだろうから、国際的にお金の取り引きが活発におこなわれている都市、程度に理解しておけば十分。**ニューヨーク、ロンドン、東京、香港、シンガポールが代表的な国際金融都市**なので覚えておこう。スイスも金融都市を抱える国として有名だね。

　金融都市であるニューヨークで株価が暴落して起こったのが世界恐慌。1929年に起こり、世界の国々に大きな影響を与えた事件なんだ。日本も世界恐慌の影響で深刻な経済状況になった。歴史で非常に重要な事件なので、地理の問題に関連して出題されることもあるよ。

　また、ニューヨークにある世界貿易センタービルは、**2001年9月11日に同時多発テロが起こった**場所ということも覚えておこう。

✓ 国際連合

　国際連合は、第二次世界大戦のあとの1945年に、それまでの国際連盟にかわって設立された。

　国際連合は、世界の平和と安全を確立すること、世界各国が協力して国際問題に取り組み、諸問題を解決することなどを目的に設立された国際組織なんだ。国際連合の本部が置かれているのがアメリカのニューヨーク。

　ちなみに、1920年にアメリカの大統領ウィルソンの提唱によって成立した国際連盟の本部は、スイスのジュネーブに置かれた。**国際連合の本部はニューヨーク、国際連盟の本部はスイスのジュネーブ**。しっかり区別しよう。国際連合の設立当初の加盟国は51か国。現在は193か国（2020年）が加盟している。日本は1956年に加盟したんだ。

　アメリカは国際連合の運営に関しても中心的な役割を果たしているといえる。国連分担金とは、国際連合の経費を加盟国で負担する費用。もっとも多く国連分担金を負担しているのがアメリカなんだ。ちなみに日本はアメリカに次いで経費を多く負担している国だよ。

MEMO

第2部

日本地理

第3章

日本の特色と世界とのつながり

第3章

日本の特色と世界とのつながり

テーマ 12 日本の特徴

■ イントロダクション ■

◆ 日本の位置と範囲 ➡ 日本が抱える領土問題に関して紹介するよ。

◆ 日本の地形 ➡ 山地・河川・平野など重要な地名を覚えよう。

◆ 気候区分と雨温図 ➡ 気候は入試頻出テーマ！　気候の特徴をもとに6つの気候区分を理解しよう。

▶ 日本の位置と範囲

　ここからは、日本地理の勉強だね。まずは日本の位置などの基本事項から確認していこう。**日本はユーラシア大陸の東に位置している島国。**アジア州のなかでも極東といわれるところに位置しているんだ。

　極東というのは、ヨーロッパの国々から見てもっとも遠い東洋の地域という意味で、日本や中国、韓国などが含まれる。日本は北緯約20度から北緯約46度、東経約123度から東経約154度に位置している細長い国。**日本の長さは約3000kmで、面積は約37.8万km²。**これは北方領土を含んだ数字だけれど、北方領土については知っているかな？

> 知っています。
> ロシアと領土問題になっているところですよね？

　さすが！　よく知っているね。北方領土の領有に関しては日本とロシア連邦では意見が対立しているんだ。北方領土に関して、もう少しくわしく紹介していこう。

　北方領土である歯舞群島、色丹島、国後島、択捉島の4つを、位置関係も含めて覚える必要がある。

ゴロあわせ 「は（歯舞）・し（色丹）・く（国後）・え（択捉）」

北方領土の4つの頭文字を南から順に読むと「箸食え」と読める。北方領土は位置関係も大事なので、南から順番に「はしくえ」で覚えよう。

北方領土の4つの島のなかで、もっとも面積の大きい島が択捉島。北方領土を面積が大きい順に並べると、①択捉島 ②国後島 ③色丹島 ④歯舞群島となる。これはさきほどのゴロ合わせの反対の順番なので、「はしくえ」を覚えておけば応用がきくね。ちなみに北方領土で最大の択捉島は鳥取県と同じくらいの面積。北方領土全

日本の領海および排他的経済水域

拡大が認められた日本の大陸棚

体では福岡県より大きい面積になるよ。ほかにも、択捉島は日本の国土の最北端であることでも重要な島なんだ。上の地図を確認してほしい。地図で島の場所を確認して、所属する都道府県とセットで覚えよう。

ロシア連邦との領土問題になっている北方領土に関しては理解できたよね。ほかにも日本には領土にまつわる争いが生じている。東シナ海にある**尖閣諸島は中国、台湾が領有権を主張**している。日本海にある**竹島は韓国が領有権を主張**している島。

このような領土にまつわる争いが生じているけれど、尖閣諸島や竹島の面積は小さい。人も住んでいない島なんだ。なぜそのような島をめぐって争いが起こっているかというと、その島が領土かどうかで**（排他的）経済水域**の大きさが変わるからなんだ。

排他的経済水域は領土の海岸線から**200海里以内**の範囲で、その範囲での漁業や資源の開発を独占することができる。

たとえば、沖ノ鳥島は非常に小さな島で、波に削られて島が水没してしまうおそれがあったため、護岸工事をおこない、島をコンクリートで固めたんだ。これは沖ノ鳥島が水没して排他的経済水域が小さくなることを防

ぐためにおこなわれたんだ。ちなみに護岸工事には数百億円かかったらしい。どれだけ経済水域が重要なのかがわかるね。図を参考に、経済水域などをもう一度しっかりと理解しよう。

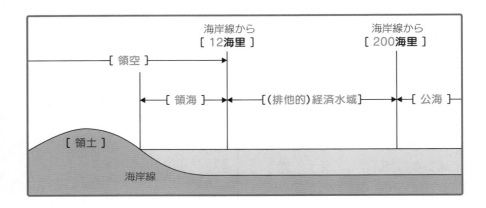

　領海は領土である海岸線から12海里までの範囲。排他的経済水域の200海里としっかり区別しよう。12海里や200海里がヒントになることも多いけれど、数字を答えさせる問題だってあるからね。ちなみに1海里は1852mなので、経済水域は海岸線から約370kmの範囲になる。

　領空は領土と領海の上空のことで、宇宙空間は含まれない。領空の範囲内は、他国が許可なく飛行することができないと決まっているよ。

　日本の位置や領域に関しては理解できたかな。

　続いては日本からもっとも遠い国、地球の裏側に位置するところを確認していこう。ある地点の真裏の緯度や経度の考え方を紹介していくよ。

　緯度に関しては北緯45度の地点なら南緯45度にするだけで反対側の緯度になる。少し複雑なのが経度。東経45度なら西経に直してから、180度からもとの緯度である45度を引いて135度にする。西経135度が反対側の経度となる。図で確認してみよう。

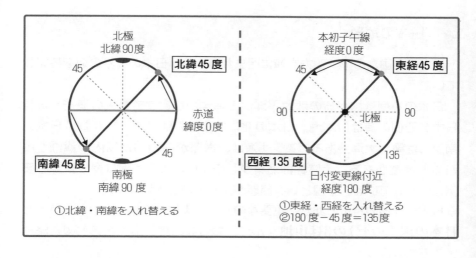

東京の緯度は北緯約35度で、経度は東経約139度。先ほど確認した考え方で、東京の真裏の緯度と経度はいくつになるか考えてみよう。

南緯35度、西経41度になりました。
考え方がわかれば簡単ですね！

よくできたね。うん、理解できたら計算するのはそんなに難しくないよね。確認していこう。

（緯度）北緯35度 ➡ 南緯35度（北緯を南緯に変えるだけ）
（経度）①東経139度 ➡ 西経139度
　　　　②180−139＝41 ➡ 西経41度

ひとつずつ、しっかり計算しよう。計算ミスにはくれぐれも注意してね。
南緯35度、西経41度の地点は南アメリカ大陸の東、大西洋上になる。
日本の真裏はブラジルやアルゼンチンに近い地点ということになる。
覚えておこう。

日本の地形

　日本は島国なので、四方を海に囲まれている。日本の周りの海を確認していこう。

　日本の東側に広がるのは**太平洋**。三海洋のひとつで最大の海だったね。日本の西側の海は**日本海**。日本の北に広がるのは**オホーツク海**。日本の南西には**東シナ海**がある。東シナ海は、**水深が約200m以内の浅瀬**が広がる**大陸棚**がある。大陸棚は漁業がしやすい。東シナ海は海底資源も豊富といわれている。中国と領有問題が生じている地域なんだ。

　日本の地形の特徴で非常に重要なのが、日本には山地が多いということ。**日本の国土の4分の3は山地**なんだ。おもな山地、山脈をまとめた略地図で確認しよう。

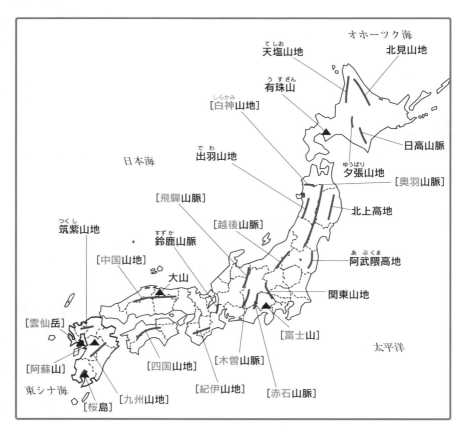

東北地方にある奥羽山脈は**日本最長の山脈**。また、**東北地方を東西に分ける山脈**でもある。奥羽山脈を境にして岩手県と秋田県、宮城県と山形県というように、東西に分かれているんだ。

奥羽山脈の東に位置している北上高地の、西のふもとには北上盆地がある。北上川は宮城県の石巻で仙台湾に注いでいる。北上高地を覚えておくと北上盆地も北上川もセットで覚えやすいね。

> まちがえないよう注意
> 奥○ 奧✕

日本アルプスと呼ばれるのは飛騨山脈と木曽山脈、赤石山脈。北から順に「飛騨・木曽・赤石」と、リズムよく唱えながら覚えよう。というのも、飛騨山脈は北アルプス、木曽山脈は中央アルプス、赤石山脈は南アルプスといわれ、これをヒントに解く問題が出題されることもあるんだ。当然場所がわからないといけないよ。これら3つの山脈は3000m級の山が続いていることから「日本の屋根」といわれることもある。

ちなみに日本でもっとも高い山は富士山だよね。2位は赤石山脈に含まれる北岳という山なんだ。富士山も大事なので、山梨県と静岡県の県境に位置しているという場所を確認しておこうね。

越後山脈は新潟県や関東地方の気候に大きく影響しているよ。北西の風向きになる冬の季節風が、越後山脈にぶつかることで日本海側の新潟県に多く雨や雪を降らせる。季節風が越後山脈を越えるころには、水分を失い、乾いた風が吹くため、太平洋側の関東地方では冬の降水量が少なくなる。

群馬県や栃木県には、冬に**からっ風**という乾いた風が吹くため、屋敷森という防風林が置かれている。北西の風を防ぐ目的なので、**屋敷森は家屋の北と西側に置かれている**んだ。

同じく日本の気候に大きく影響している山地として、**中国山地と四国山地**を紹介しておこう。中国山地は比較的なだらかな山地、四国山地は高く険しい山脈。この2つの山地に挟まれている瀬戸内海沿岸は、一年を通して降水量が少なくなるんだ。讃岐山脈もあるため、昔から水不足に悩まされていた**香川県は、ため池の数が多い**。

熊本県にある阿蘇山は**世界最大級のカルデラ**のある山として有名なんだ。カルデラとは火山活動によってできたくぼ地のこと。日本は火山の多い国なので、桜島や雲仙岳、有珠山などの火山の場所を確認しておこう。

続いて日本の河川や湖に注目していくよ。くり返しチェックして覚えようね。

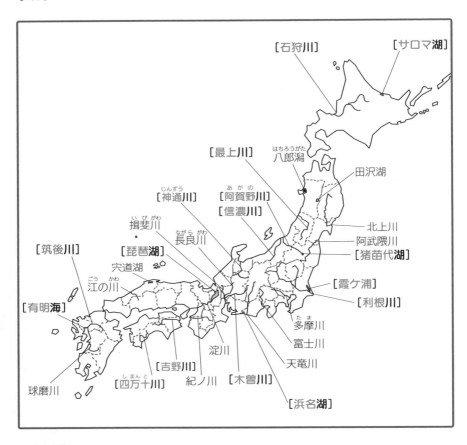

　信濃川は支流を含めて367kmの長さがある、**日本最長の河川**。日本の全長が約3000kmなので10分の1以上を流れる計算になるね。

　信濃川は新潟県に河口がある。場所もしっかり覚えておこう。3月から5月にかけて河川の流量が増えるんだけれど、どうしてかわかるかな？ヒントは新潟県の気候が関係していること。正解は雪解け水が河川に流れ込むからなんだ。雪の多い新潟県の特徴が影響しているんだね。

　続いて流域面積の大きな河川に注目していこう。**流域面積が最大の河川は利根川**。利根川は千葉県と茨城県の県境を流れているよ。ほかにも長い河川、流域面積の広い河川を確認しておこう。

	川の長さ	流域面積
1位	信濃川	利根川
2位	利根川	石狩川
3位	石狩川	信濃川

石狩川というのは北海道を流れる河川で三日月湖があることでも有名だ。三日月湖とは、蛇行した河川が土地を侵食、それから河川の流れが変わり、侵食した部分が川と分離して湖となったものだよ。ちなみに、流域面積の意味は覚えているかな。

川に雨が注ぐ範囲の面積のことを、流域面積というんですよね？

よく勉強できているね。その調子で頑張っていこう。

日本の河川の特徴をひとつ紹介するよ。日本は山がちな地形というのは覚えているかな？　さらに、細長い地形というのが影響して、**日本の河川は源流から河口までの距離が短く、流れが急になる**。この特徴は記述問題などでもよく出題されているんだ。このような特徴のある日本の河川のなかでも、日本三大急流といって流れの急な河川がある。日本三大急流は富士川、最上川、球磨川。とくに最上川の河口には稲作で有名な庄内平野があり、また最上川は果樹栽培のさかんな山形盆地を流れる河川でもある。とくに重要だよ。

日本の湖にも注目していこう。

日本最大の湖は**琵琶湖**。滋賀県の約6分の1の面積を占めるんだ。ちなみに琵琶湖から大阪湾に注ぐ河川は淀川だよ。日本で2番目に大きな湖は**霞ケ浦**。これは茨城県にある。3番目に大きな湖は北海道にある**サロマ湖**。4番目は福島県にある**猪苗代湖**で、東北地方で最大の湖。

秋田県には八郎潟という湖がある。これはもともと日本で2番目に大きな湖だったんだ。8割がたの面積を干拓によって土地利用できるようにして、大潟村をつくり、稲作をさらにさかんにしようとした。

ところが、大潟村の成立からまもなく、政府は**減反政策**を実施する。減反政策とは農家に作付面積の削減を求めるなどして、米の生産量を調整して米が余るのを防ごうとするもの。せっかく八郎潟を干拓して大潟村をつくったのに稲作を制限されてしまったんだ。ちなみに「反」とは昔の水田の広さを表す単位のことだよ。

ほかにも特徴的な湖を2つ紹介するよ。

　日本でもっとも深い湖は秋田県にある田沢湖。日本でもっとも標高の高い場所にある湖は栃木県にある中禅寺湖。中禅寺湖は男体山の噴火によってできた湖なんだ。静岡県にある浜名湖ではうなぎの養殖がさかん。宍道湖ではしじみの養殖がさかん。

　次は平地を見ていこう。平地は農業がさかんな地域も多く、非常に重要。赤字で記載したものはとくに重要なのでくり返し確認して覚えてほしい。長時間かけて覚えようとするのではなく、短時間でいいから少しずつ、反復するようにしよう。暗記のコツは覚えたいものに触れる機会を増やすことだよ。見直しやすいように、ふせんを貼るなどして覚えよう。

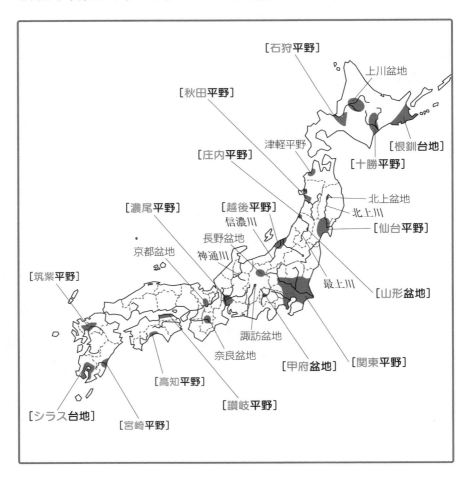

濃尾平野は愛知県と岐阜県にまたがる平野。岐阜の旧国名である美濃と愛知の旧国名である尾張から一文字ずつとって濃尾平野。

尾張は知っているよね？　織田信長の領土だったところだ。この濃尾平野には木曽三川といわれる河川が流れている。木曽三川は東から木曽川、長良川、揖斐川の3つ。さらに濃尾平野には輪中の地域があることでも有名なんだ。輪中というのは、**堤防に囲まれた地域のこと。河川よりも土地の高度が低いため**、堤防を周囲にめぐらすことで水害を防いでいるんだ。

関東平野は**日本最大の平野**。関東平野には関東ロームと呼ばれる火山灰の赤土が広がっている。火山灰のため、水はけがよく、稲作には不向きだから畑作が中心となっている。香川県の讃岐平野は年間を通して降水量が少なく、**香川県はため池が非常に多い。**

知っていますか？

平地の種類を確認しておこう。盆地は周囲を山地に囲まれた平地のこと。盆地では果樹栽培がさかんな地域が多い。甲府盆地はももやぶどうの生産がさかん。台地は周囲よりも標高が高くなっている平地。水はけがよく、地盤が比較的強い。酪農のさかんな根釧台地や畜産のさかんなシラス台地が有名。

平野や盆地などは農業がさかんな地域が多いので、農業とセットで確認してほしい。とくに重要なものを一気に紹介していくよ。北海道の稲作の中心地は石狩平野、畑作の中心地は十勝平野、酪農の中心地は根釧台地。

どんどん紹介していくよ。東北地方では稲作のさかんな秋田平野、仙台平野、庄内平野が有名。中部地方では新潟県の越後平野で稲作がさかん。

山形盆地はさくらんぼの生産がさかん。山形県はさくらんぼの生産量が日本1位。山梨県の甲府盆地は扇状地での果樹栽培がさかんで、山梨県はももとぶどうの生産量が日本1位。

高知平野はなすやピーマンの栽培がさかん。宮崎平野ではきゅうりやピーマンの栽培がさかん。筑後川の流れる筑紫平野は、九州地方の稲作の中心地。シラス台地は火山灰が積もった平野で、鹿児島県と宮崎県南部に広がっている。シラス台地は水はけがよく、稲作には向かないため、さ

つまいもや茶の栽培がさかん。

　平地の学習の最後にひとつ確認。平野は河川が土砂を運び、土砂が堆積してできたものが多い。三角州は河川の河口付近に土砂が堆積してできた平地で、デルタとも呼ばれる。扇状地は川が山地から平地に出る谷口に土砂が堆積してできた緩やかな傾斜地。扇状地は果樹栽培に適している。三角州と扇状地を区別して覚えよう。

　日本の地形の最後のポイントとして、日本の島や半島、海岸について学習しよう。

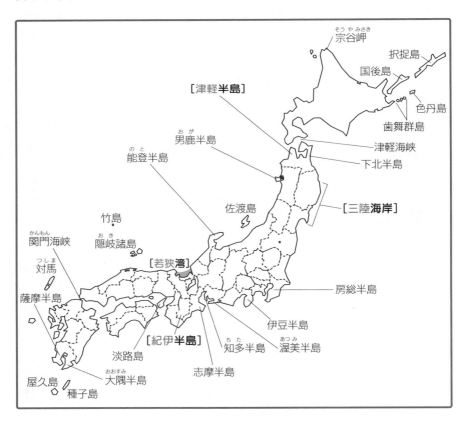

　他国にくらべて、**日本は海岸線が長い**という特徴がある。

　アメリカ合衆国の面積は世界3位で日本の約25倍もある。そんなアメリカ合衆国と日本の海岸線の長さをくらべると、日本の海岸線の長さのほうが長い。これは、日本が島国であり、複数の島から成るということと、ギ

ザギザの海岸線が多いことが大きく影響しているんだ。日本はなんと、6852の島から成る国。海岸線が長くなるのもわかるよね。

ギザギザの海岸線にも注目しよう。

日本にある複雑な海岸線は**リアス海岸（リアス式海岸）**という。日本の代表的なリアス海岸を紹介していこう。岩手県から宮城県にある<ruby>三陸<rt>さんりく</rt></ruby><ruby>海岸<rt>かいがん</rt></ruby>は**漁業がさかん**。リアス海岸は波が低く、水深が深いため、天然の良港として古くから使われたことが影響している。

一方、リアス海岸は<ruby>津波<rt>つなみ</rt></ruby>に弱いという特徴もある。入り江が狭くなるため津波の力が集中しやすく、波が高くなりやすいんだ。三陸海岸のほかに福井県の<ruby>若狭湾沿岸<rt>わかさわんえんがん</rt></ruby>もリアス海岸の代表例。若狭湾沿岸は地盤が強固なことで、**原子力発電所が集中**している地域。日本で原子力発電所が集中している地域としては<ruby>福島<rt>ふくしま</rt></ruby>県と福井県をおさえておこう。

三重県の<ruby>志摩半島<rt>しまはんとう</rt></ruby>は**<ruby>真珠<rt>しんじゅ</rt></ruby>の<ruby>養殖<rt>ようしょく</rt></ruby>がさかん**。志摩半島は世界で初めて真珠の養殖に成功した場所でもあるんだ。同じく愛媛県の西部はリアス海岸が広がっていて、真珠の養殖がさかん。島も多く、リアス海岸も見られる長崎県は、面積の割に海岸線が非常に長い。

［三重県志摩半島の真珠の養殖場］

気候区分と雨温図

日本の気候区分に関して勉強していこう。

気候に関しては非常によく出題される。まず、日本の気候に影響を与える海流と季節風に関して理解してほしい。

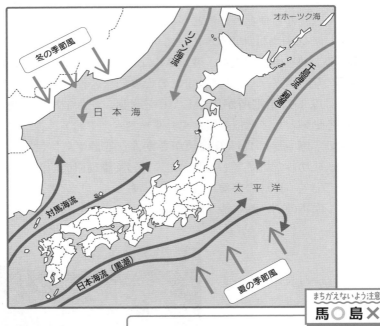

では、まず日本の周囲を流れる海流から確認していこう。赤道のある南から流れてくる海流は**暖流**、高緯度の地域の北から流れてくる海流が**寒流**。日本海を流れる暖流は**対馬海流**で、太平洋側の暖流は**日本海流（黒潮）**。日本海流は濃い藍色をしていることから黒潮という別の呼び方ができたようだよ。

日本海側の寒流は**リマン海流**、太平洋を流れる寒流は**千島海流（親潮）**という。千島海流は栄養が豊富で魚が食べるプランクトンなども多く、魚がよく育つところから親潮という名前がついたといわれているよ。

この親潮と黒潮がぶつかる地点を**潮目（潮境）**というよ。この潮目では、黒潮に乗って北上した魚が親潮の豊富なプランクトンを食べに集まる。当然、親潮に乗って南下した魚もいるため、好漁場が形成されるんだ。

潮目に近いのが**三陸海岸**。三陸海岸はリアス海岸で古くから漁業がさかんだったというのは紹介したけれど、潮目が近いというのも漁業がさかんな重要な理由なんだ。4つの海流と潮目の位置と海流の向きをしっかり理解しておこう。

続いて、日本の気候に大きく影響している**季節風**（モンスーン）に関して確認していこう。

季節風というのは大陸と海洋の気温差によって吹く、季節によって風向きが変わる風。

六大陸で最大のユーラシア大陸と、最大の海洋である太平洋の関係で吹く季節風は影響が大きい。アジアは季節風の影響が大きい地域として知っておこう。日本も季節風の影響を多分に受ける地域なんだ。

季節風が日本の周囲の海上を通って、山地の多い日本にやってくる。山にぶつかった風が山を越えるさいに上へと上って行く。高いところへ行けば行くほど、温度が下がる。温度が下がると水蒸気を保持できなくなり、余った水蒸気が雨となって降る。**夏の南東の季節風の影響で太平洋側に多くの雨が降り、冬の北西の季節風は日本海側に雨や雪を多く降らすんだ。**

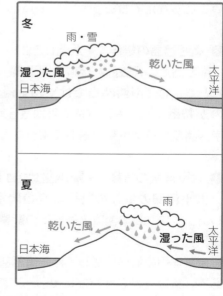

では、日本の気候を6つに分類して紹介しよう。

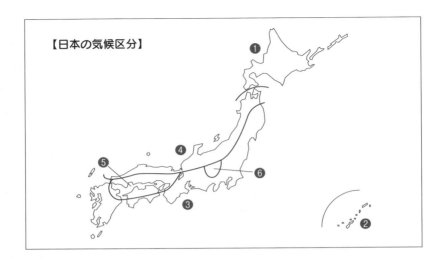

【日本の気候区分】

❶ 北海道の気候　★**気温**に注目！

　北海道の気候としては、当然ながら寒いということが重要。冷帯（亜寒帯）に属する地域であるため、気温が低い。**平均気温が0度を下回る月が4か月ほどあるのが特徴**。雨温図を読み取るときには平均気温が0度以下の月をチェックしてみよう。北海道の気候の特徴として、**梅雨がないこと**も覚えておこう。

❷ 南西諸島の気候　★**気温**に注目！

　南西諸島の代表的な地域は沖縄県。沖縄県の気候の特徴といえば、暑いことだよね。**南西諸島では平均気温が20度以上の月が8か月ほどあるのが特徴**。ちなみに東京で平均気温が20度以上の月は4か月ほどなので、南西諸島の夏は東京の倍あるようなものだといえるね。

❸ 太平洋側の気候　★**降水量**に注目！

　太平洋側の気候の特徴は夏の降水量が多いこと。前のページで紹介したように、夏の南東の季節風の影響で、太平洋側は夏の降水量が多くなる。

　太平洋側の気候に関しては、南西部と北東部で区別が必要になることがある。東京を含む北東部にくらべて南西部（九州、四国、紀伊半島など）は台風の通り道になることが多く、降水量が多いのが特徴。

❹ 日本海側の気候　★降水量に注目！

　日本海側の気候の特徴は冬の降水量が多いこと。冬の北西の季節風の影響で日本海側は冬の降水量が多くなる。冬は気温が低いため、雪になることも多い。北陸や東北地方などの日本海側は積雪が多く、日本のなかではとくに雪が多い地域なんだ。

❺ 瀬戸内の気候　★気温＋降水量に注目！

　瀬戸内は年間を通して降水量が少ない。夏は南東の季節風を四国山地が遮り、瀬戸内では降水量が少なくなる。冬は北西の季節風を中国山地が遮るため、冬も降水量が少なくなるんだ。また、日本の南西部に位置している**瀬戸内は温暖な気候**となっている。

❻ 中央高地の気候　★気温＋降水量に注目！

　中央高地とは、長野県や岐阜県北部などの山脈や山地が集合した、標高が高い地域を指すんだ。長野県と群馬県の県境にある八ヶ岳や日本アルプスなどがある。

　山地が多いために季節風が遮られて、**中央高地は年間を通して降水量が少ない**。標高が高い中央高地では冷涼な気候になるので、平均気温に注目して、瀬戸内の気候と区別しよう。中央高地は冷涼な気候なので、**1月の平均気温が0度を下回ることが多い**。瀬戸内では1月といっても平均気温が0度を下回ることはないので、1月の平均気温に注目するのがわかりやすいんだ。

　では、次ページから雨温図を見ていこう。**折れ線グラフが月ごとの平均気温、棒グラフが降水量を表している**よ。雨温図を見て、どの地域の雨温図かを考えさせる問題がよく出題されるので、各地の雨温図を見ながら日本の気候を復習しよう！

❶ 北海道の気候

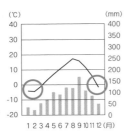

北海道は冷帯もしくは亜寒帯に属していて、寒冷な気候。**平均気温が0度を下回る月が4か月程度あるのがポイント。**
雨温図を読み取るときには左のように平均気温が0度以下の月に注目しよう。また、**北海道には梅雨がないため、**左の雨温図でも梅雨の時期にあたる6月の降水量は多くない（ほかの地域では6月の降水量は梅雨の影響で多くなる）。

❷ 南西諸島の気候

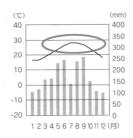

続いては南西諸島の気候。
南西諸島は亜熱帯と呼ばれるほど暑い気候。**平均気温が20度を上回る月は約8か月ある。**20度の線を目立つように線を引くのもわかりやすい。一年を通して降水量が多く、台風の影響も強く受ける地域。

❸ 太平洋側の気候

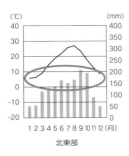

北東部

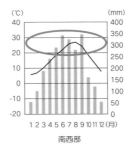

南西部

太平洋側の気候の特徴は**夏の降水量が多く、冬は乾燥しやすいこと。**左の雨温図のように、太平洋側でも南西部のほうが降水量が多くなる。太平洋側のなかでも区別できるようにしよう。

❹ 日本海側の気候

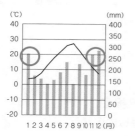

日本海側では、冬に吹く北西の風が山脈にぶつかり、日本海側で雨や雪を多く降らす。**冬の降水量が多くなる**んだ。寒さの厳しい北海道以上に、日本海側の新潟県などは雪の多い地域となっている。

日本海側では降水量を示す棒グラフが山型にならない。冬の降水量に注目して日本海側の雨温図かどうかを見分けよう。

❺ 瀬戸内の気候

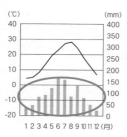

瀬戸内では、夏に吹く南東の季節風が四国山地に遮られるために、降水量は少なくなる。冬に吹く北西の季節風も中国山地に遮られるために降水量は少なくなる。

そのため、年間を通じて降水量は少ない。南西部に位置する瀬戸内は温暖な気候だ。「**年間を通して降水量が少ない**」「**温暖な気候**」という2点で見分けよう。

❻ 中央高地の気候

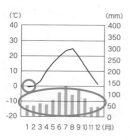

中央高地は標高が高い地域である。山地の多い地域のため、季節風の影響を受けにくく、**年間を通して降水量が少ない**。

標高が高い地域のために、**冷涼な気候**になり、1月の平均気温は0度を下回ることが多い。「年間を通じて降水量が少ない」ことと「1月の平均気温が0度を下回る」ことがポイント。

テーマ 12　日本の特徴のポイント

● 日本の位置

　ユーラシア大陸の東に位置する

　日本の長さ……約 3000km

　日本の面積……約 37.8 万 km²

　北方領土……歯舞群島（はばまいぐんとう）、色丹島（しこたんとう）、国後島（くなしりとう）、択捉島（えとろふとう）

　（排他的）経済水域……沿岸部から 200 海里以内の範囲

　領海……沿岸部から 12 海里以内の範囲

● 日本の地形

　特徴 | 四方を海に囲まれた島国

　北：オホーツク海　　東：太平洋　　南：東シナ海　　西：日本海

　特徴 | 日本の国土の 4 分の 3 は山地

　奥羽山脈（おううさんみゃく）……東北地方を東西に分ける日本最長の山脈

　日本アルプス……飛騨山脈（ひださんみゃく）・木曽山脈（きそさんみゃく）・赤石山脈（あかいしさんみゃく）

　特徴 | 流れが急で、短い河川が多い

　日本三大急流……最上川（もがみがわ）・富士川（ふじかわ）・球磨川（くまがわ）

　特徴 | 海岸線が長い

　リアス海岸（リアス式海岸）……三陸海岸（さんりくかいがん）を代表とする複雑な海岸線

● 気候区分と雨温図

　気温に注目

　寒冷な気候➡北海道の気候（平均気温 0 度以下の月が 4 か月ほど）

　温暖な気候➡南西諸島（なんせいしょとう）の気候（平均気温 20 度以上の月が 8 か月ほど）

　降水量に注目

　夏の降水量が多い➡太平洋側の気候

　冬の降水量が多い➡日本海側の気候

　気温＆降水量に注目

　年間を通じて降水量が少ない＆温暖➡瀬戸内（せとうち）の気候

　年間を通じて降水量が少ない＆冷涼➡中央高地の気候

テーマ13 日本の人口

┣┫ イントロダクション ┣┫

◆ 人口分布と課題 ➡ 日本の人口に関するポイントを一挙に紹介！
◆ 少子高齢社会 ➡ 人口ピラミッドの読み取りもマスターしよう。

人口分布と課題

日本の人口の特徴から確認していこう。

日本の人口は**約1億2600万人**で世界11位。それに対して日本の面積は約**37.8万km²**で世界61位。面積に対して人口が多く、人口密度の高い国なんだ。

$$人口密度（人／km^2）＝ 人口（人）÷ 面積（km^2）$$

人口密度の意味を理解したうえで、人口密度の計算方法を覚えておこう。

人口密度とは、**一定の面積（通常は1km²）の中に何人が住んでいるか**を表したものなんだ。日本の人口密度を計算してみよう。約1億2600万人を約37.8万km²で割る。126,000,000÷378,000＝333.333……となる。日本では1km²に約333人の人が住んでいるということがわかるね。

知っていますか？

人口密度は、資料の読み取りとして出題されることが多い。そこで、次のような考え方を紹介したい。「人口が同じ2つの地域で人口密度に違いがあるという場合」面積の大小がわかるというもの。
●人口は同じで人口密度が高い⇒面積は「**小さい**」
●人口は同じで人口密度が低い⇒面積は「**大きい**」
同様に面積が近い数字で、人口密度に違いがある場合には人口の大小の比較もできるということ。各国の人口密度を暗記するのは大変なので、人口密度から面積や人口を推測できると問題が解きやすくなるよ。

人口密度についてはよくわかりました。
日本のなかで人口の多い地域はどこなんですか？

では、日本の人口分布に関して説明しよう。

日本国内で人口が多い地域として、東京や大阪、名古屋周辺の**三大都市圏**が挙げられるよ。人口がもっとも多い都道府県は、やはり東京。東京には日本の人口の約10%が集中しているんだ。

2番目に人口が多いのは神奈川県。横浜市、川崎市の2つが百万都市なんだ。百万都市というのは人口が100万人以上の都市のことだよ。百万都市を2つ抱える都道府県は神奈川県だけだよ。

福岡県は福岡市と北九州市の2つが百万都市だったけれど、現在は北九州市の人口が減り、百万都市は福岡市のみとなっている。

人口の多い都道府県を確認し、上位5位までは知っておこうね。

1位：**東京都**	2位：**神奈川県**	3位：**大阪府**	4位：**愛知県**	5位：**埼玉県**
6位：千葉県	7位：兵庫県	8位：北海道	9位：福岡県	10位：静岡県

三大都市圏に人口が集中していることは、上位10位を確認すると、よくわかるよね。しかも、三大都市圏の多くの都道府県で人口増加率がプラスとなっている。つまり、人口の多い地域では、さらに人口が増える傾向にあるということ。

現在**人口が増加傾向にあるのは三大都市圏と福岡県、沖縄県**。このように、都市部での人口増加が進み、地域格差が生まれることで、過密と過疎が深刻になっているんだ。

東京を代表とするような都市部では、渋滞・ラッシュや住宅・地価の高騰、ごみ処理問題など、人口が密集していることにより、さまざまな問題が生じているんだ。このような、**人口が過剰に密集している状態を過密**という。

反対に、山陰地方（中国地方の北部）や南四国などでは過疎が社会問題となっている。過疎化ともいうよ。**過疎とは人口が減少することで、**

社会生活を送ることが困難になってしまう問題。近くに病院や消防署がないなどの問題があり、深刻なんだ。過疎の進んだ地域のなかには高齢化が極端に進み、65歳以上の高齢者が人口の半数を超える集落もある。これらの集落は**限界集落**ともいわれ、早急な対策が必要なんだ。

ちなみに過疎の地域では地域の文化や特産物をいかして地域を活性化させるべく、**町おこしや村おこし**に取り組んでいるよ。

近年の人口の増減について説明を続けるよ。

1955年から1973年の**高度経済成長**以降、郊外のニュータウン建設などを背景にして、都心に通勤、通学できる郊外に住みたいという人が増えた。また、1980年代後半の**バブル経済**の影響で地価が急激に高騰し、郊外に住む人がさらに多くなった。都心部は人口減少、都心周辺の郊外の人口が急増した。このような現象を**ドーナツ化現象**というよ。

↑

まちがえないよう注意
ドーナツ化現象 ○　ドーナツ現象 ✕　ドーナッツ化現象 ✕

東京に通勤通学できる神奈川県、埼玉県、千葉県、東京西部の多摩地域で人口が急増したんだ。ドーナツ化現象によって発展した都市を**ベッドタウン**ということも、いっしょに覚えておこう。

> ドーナツ化現象は今も続いているのでしょうか？

いいところに目をつけたね。

最近ではドーナツ化現象にかわり、都心回帰現象という動きがあるんだ。高度経済成長以来ドーナツ化現象の影響で都心の人口は減少傾向にあった。そのため、家賃や地価が下がってきたんだ。また、都心部はやはり利便性が高いため、都心の人気が回復しているんだ。

最後に、政令指定都市と地方中枢都市について確認するよ。

　政令指定都市って、聞いたことがあるかな？　現在は20の都市が政令指定都市となっている。古くは「市内の人口が100万人以上、もしくは近い将来に人口が100万人を超える都市」というのが、政令指定都市指定の条件だった。現在では人口50万人以上の都市が指定を受けられるようになっているよ。

　政令というのは内閣（政府）が出す命令・きまりのことで、政令指定都市とは、政府によって指定された都市ということ。指定を受けると、通常は都道府県がおこなっている保健や福祉、教育などの業務を、市が担当できるようになる。地方に政治の権限を与えていこうとする地方分権を目的としたものだよ。政令指定都市をまとめておくので、チェックしておこうね。

【全国の政令指定都市】

札幌市（北海道）	新潟市（新潟県）	神戸市（兵庫県）
仙台市（宮城県）	静岡市（静岡県）	岡山市（岡山県）
さいたま市（埼玉県）	浜松市（静岡県）	**広島市**（広島県）
千葉市（千葉県）	名古屋市（愛知県）	**北九州市**（福岡県）
横浜市（神奈川県）	京都市（京都府）	**福岡市**（福岡県）
川崎市（神奈川県）	大阪市（大阪府）	熊本市（熊本県）
相模原市（神奈川県）	堺市（大阪府）	

　政令指定都市のなかでも札幌、仙台、広島、北九州、福岡の5つは地方中枢都市となっている。地域の発展の中核を担う都市であり、地域全体の活性化が期待されているんだ。

少子高齢社会

続いて**少子高齢社会**に関して説明していこう。

現在、多くの先進国は少子高齢社会となっている。高齢化社会とは65歳以上の人口が人口の7%以上の社会のこと。高齢社会は65歳以上の人口が人口の14%以上の社会のこと。日本の高齢者の割合はどれくらいだと思う？2019年の推計では28.4%となっている。日本は世界でも有数の高齢社会になっているんだ。

少子高齢社会の原因と問題点に関しては、しっかり説明できるようにしておこう。

少子化のおもな原因としては、**女性の社会進出**によって子どもを産まない人が増えたことや、**教育費が高い**ことから、たくさんの子どもを育てるのが難しくなっていることがあげられる。これにより、年少人口（0～14歳）が減少しているんだ。

2019年の出生率は1.36で近年は低下傾向で推移している。出生率とは、1人の女性が一生のうちに産む子どもの数の平均を示したもの。男性は子どもを産むことができないので、出生率が2.0を越えなければ人口は減少していく計算になるんだ。**高齢化**のおもな原因は、**医療の進歩**や食生活の向上などによる**平均寿命の延び**にある。日本の平均寿命は世界的にも非常に長く、2018年では男性が81.25歳、女性は87.32歳となっている。出生率が低く、高齢者の寿命が延びていることで、老年人口（65歳以上）の割合が高まっている。日本では、少子高齢化が急速に進んでいるんだ。

少子高齢社会では、何か問題なのですか？

日本の社会保障制度を簡単に紹介しよう。

多くの高齢者は定年以後は収入がなくなる。定年後も生活できるように65歳以上の高齢者は年金の給付が受けられる。この年金保険というのは、若い働き手が納付した年金を65歳以上の高齢者に支給するという制度になっているんだ。

高齢者の割合が高い日本では、**高齢者の生活を支える働き手の負担が大きくなってしまい、財源が不足してしまう。** では、少子高齢社会の解消のために考えられる対策は何だろう。平均寿命の延びは当然歓迎すべきものなので、改善すべきは出生率といえる。

　ただし、働きたい女性の意思も当然尊重されるべきなので、男女ともに働きながら養育できる環境や教育費の負担を軽減するような体制づくりが必要になるんだね。産休や育休制度の整備や教育費などの負担の軽減が必要なんだ。ヨーロッパには、社会保障制度が充実している国や出生率の向上に成功している国がある。ただし、そのぶん国民の税負担が大きいというマイナス面もある。難しい問題に直面しているといえそうだね。

　次に「人口ピラミッド」を紹介するよ。

　人口ピラミッドとは、年齢別に人口構成を表したもの。人口ピラミッドは次のような3つの種類に分けられている。富士山型は0歳から5歳の人口がもっとも多く、年齢が上がるにつれて人口が減少。**発展途上国が富士山型の人口ピラミッドになりやすい。**

　経済が発展するにしたがって、子どもの割合が減少する傾向にある。このため、先進国化した国の人口ピラミッドは**つりがね型**になりやすい。ここからさらに少子高齢化が進んだのが**つぼ型**なんだ。国の経済状況と人口構成には相関関係がある。人口ピラミッドから、それにあてはまる国を選択する問題が人口ピラミッドの定番問題。先進国か発展途上国かを考えて解くことが重要だよ。

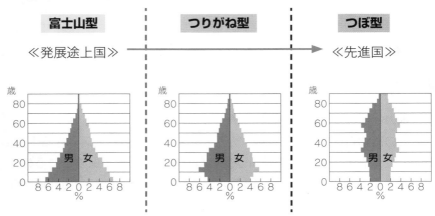

日本は少子高齢社会の進んだ国なので、現在の日本の人口ピラミッドはつぼ型となっている。日本ももともとは発展途上国だったため、1935年ごろの日本の人口ピラミッドは富士山型になっていて、1960年ごろにはつりがね型となり、現在のつぼ型になっている。さらに、日本

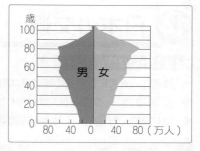

の2050年の人口ピラミッドは右のような形状になると予想されており、バルーン型や気球型といわれることが多いよ。

テーマ13　日本の人口のポイント

● 人口分布と課題

日本の人口……約1億2600万人（世界11位）

人口密度（人／km²）＝人口（人）÷面積（km²）

　➡ある一定の地域（おもに1km²）に何人が生活しているかを示す

三大都市圏……東京、大阪、名古屋周辺の人口が多い地域

　※三大都市圏、福岡、沖縄で人口増加率がプラスの傾向にある

過密……人口が過剰に密集している状態

過疎……人口が減少することで、社会生活を送ることが困難になった状態

ドーナツ化現象……都心部は人口減少、郊外の人口が増加する現象

ベッドタウン……都心へ通勤できる地域で、発達した大都市周辺の衛星都市

● 少子高齢社会

少子高齢社会……年少人口の割合が低く、老年人口の割合が高い社会

　　人口ピラミッド

富士山型……1935年ごろの日本や、発展途上国の人口ピラミッドに見られる

つりがね型……1960年ごろの日本や先進国の人口ピラミッドに見られる

つぼ型……現在の日本の人口ピラミッド。先進国に見られる

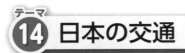

日本の交通

イントロダクション

◆ 鉄道 ➡ とくに日本初の新幹線は超頻出！

◆ 高速道路 ➡ 交通と産業は密接に関係する。産業にも注目しよう！

◆ 国内輸送の割合 ➡ 国内輸送の状況と問題点＆対策をチェックしよう。

鉄道

日本の鉄道に関して紹介していくよ。

日本で初めて鉄道が開通したのはいつか知っているかな？　明治時代に産業の発達をおもな目的として、**1872年、新橋-横浜間に鉄道が開通**したんだ。交通の発達は産業の発達にも大きく影響するんだ。

鉄道に関しては新幹線の問題が多く出題されているよ。さっそく新幹線について勉強していこう。

東北新幹線は東京と新青森を結んでいるよ。もともとは岩手県の県庁所在地である盛岡市までを結ぶ新幹線だったんだけど、新青森まで延長されたんだ。この東北新幹線の線路を盛岡まで利用し、秋田に通じるのが秋田新幹線だよ。

同様に東北新幹線の線路を福島まで利用し、山形に通じるのが山形新幹線。東北新幹線の線路を利用していること以外にも、秋田新幹線と山形新幹線には、共通点があって、この2つはミニ新幹線といわれるんだ。ミニ新幹線というのは、すでにある路線を利用して、新幹線と直通運転できるようにしたもののことだよ。

次に紹介するのは、東京と新大阪をつなぐ東海道新幹線。**東海道新幹線は日本で初めての新幹線**としても非常に重要！　1964年に開かれた東京オリンピックに合わせて東海道新幹線が開通したんだ。東京オリンピックと東海道新幹線はセットで覚えよう。

知っていますか？

オリンピックに関していくつか補足しよう。
日本でオリンピックの開催地になったのは、現段階では3都市。
● 1964 年　東京オリンピック（夏季オリンピック）
● 1972 年　札幌オリンピック（冬季オリンピック）
● 1998 年　長野オリンピック（冬季オリンピック）
2021 年に東京オリンピックが開催されれば、日本で開催される4回目のオリンピックということになるね。日本のオリンピック開催地はしっかりと覚えておこう。

新幹線に関して説明を続けていくよ。上越新幹線は東京とどこを結んでいるか想像がつくかな？　「越」は旧国名の頭文字だよ。

正解は「越後国」で、新潟の旧国名。上越新幹線は東京と新潟を結んでいるんだ。ちなみに、「越前」は福井、「越中」は富山、「越後」は新潟の旧国名なので、セットで確認しておくとわかりやすいよね。

北陸新幹線は東京から金沢までをつなぐ新幹線で、2015年に金沢まで延長された。もともとは長野オリンピックの開催に合わせて、東京と長野を結ぶ新幹線として開通し、長野新幹線と呼ばれていた。現在は金沢まで延長され、北陸新幹線という名称で呼ばれているんだ。

北陸地方というのは、福井県、富山県、石川県を指す。新潟県を含む場合もあるけれど、「中部地方の日本海側」というように把握しておけば大丈夫だよ。

山陽新幹線は新大阪から福岡市の博多までを結ぶ新幹線。中国地方の南側を山陽地方といって、その山陽地方を通る新幹線が山陽新幹線。わかりやすいネーミングだよね。

この山陽新幹線は、日本で初めて開通した新幹線である東海道新幹線とつながっているんだ。東京から博多までを結ぶ新幹線は、東海道・山陽新幹線ということになるね。**中国地方の南側を山陽地方、中国地方の北側を山陰地方という**こともいっしょに覚えておこう。

山陽新幹線に次いで九州地方2番目の新幹線が九州新幹線だよ。九州新幹線は熊本県の新八代と鹿児島中央をつないでいたけれど、現在は博多から鹿児島中央をつないでいるよ。

高速道路

日本の高速道路に関して、とくに重要な高速道路をピックアップして説明していくよ。略地図で高速道路の場所を随時確認して、場所とセットで覚えていこう。

東北自動車道は東京と青森を結ぶ日本最長の高速道路。東北自動車道が整備されたことで、東北地方の工業が発達しているので、とくに注目してほしい高速道路なんだ。

東北自動車道が整備されたことで、国内輸送が容易になった。これにより、多くの工場が東北地方に進出してきたんだ。とくに集積回路（IC）をつくる工場が多く進出し、工業団地が形成された。工業化の進んでいる

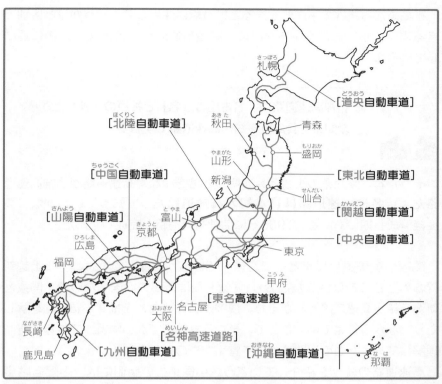

太平洋側の地域にくらべて、土地と労働力を確保しやすいため、輸送に問題がないなら狙い目ということだね。

　東北地方には集積回路の工場が多く設立されていることから、東北地方は**シリコンロード**と呼ばれているよ。集積回路（IC）というのは、条件によって電気を通したり、通さなかったりする半導体物質であるシリコンをつかったもので、複雑な処理や大量のデータの記憶を可能にするものだよ。コンピュータなどには欠かせない部品なんだ。

　東名高速道路は東京を起点に神奈川、静岡、名古屋を結んでいるよ。東京の「東」と名古屋の「名」で「東名」だからわかりやすいよね。ただし、東京から名古屋というのは中央自動車道と同じなので、経由する都道府県で区別する必要がある。

　中央自動車道は東京を起点として、山梨県の甲府市や長野県の諏訪市を経て、名古屋までをつなぐ高速道路。中央自動車道は「中央」の文字どおり、日本の中央部を走るんだ。

東名高速道路は太平洋側を通るという点に注目して、しっかりと区別できるようにしておこう。ちなみに、東名高速道路は名神高速道路に連結しているよ。

名神高速道路は、名古屋の「名」と神戸の「神」だから、愛知県と兵庫県を結ぶ高速道路ですね！

そうだね。愛知県の小牧と兵庫県の西宮をつなぐ高速道路が名神高速道路だよ。**名神高速道路は日本初の高速道路**だって知っていたかな。高度経済成長期にあたる、1965年に名神高速道路が完成したんだ。

関越自動車道は関東とどこを結んでいるか想像がつくよね？　上越新幹線のところで確認したとおり、「越」後は新潟の旧国名なので、関東と新潟を結ぶ高速道路とわかるね。漢字から意味などを推測したり、理解したりしながら覚えていくことで、単なる丸暗記でない学習ができるんだ。理解して覚えたものや関連付けて覚えたものは忘れにくいよ。

高速道路の続きを紹介していこう。中国地方の南側には、山陽自動車道が通っている。兵庫県神戸市を起点として山口県下関市を結んでいるんだ。山陽地方の場所はわかっているかな。忘れてしまった人は覚え直そう！　中国地方の南側は山陽地方、中国地方の北側は山陰地方だったね。

最後に注目したい高速道路は九州自動車道。九州自動車道は福岡県と鹿児島県を結ぶ高速道路だよ。九州自動車道の開通と空港の整備をおもな要因として、九州の工業が発展した。九州自動車道沿いには工業団地が形

少し　くわしく

高度経済成長と石油危機

日本は1945年に太平洋戦争に敗れ、不景気が続いていたが、1950年に起こった朝鮮戦争をきっかけに好景気へ転換。1955年から1973年にかけて、日本の経済は大きく発達した。これを高度経済成長という。1973年は第四次中東戦争を原因とする石油危機が起こった年。石油危機は日本の経済にも大きな影響を与え、経済成長率は一気に落ち込み、高度経済成長は終わった。高度経済成長を終わらせるきっかけとなった出来事なので、セットで覚えておこう。

成された。集積回路（IC）は小型かつ高価であるため、トラック輸送でも多くの製品を運ぶことができる。

　また、航空機で輸送しても小型で高価な集積回路であれば、利益は確保できる。九州地方には、集積回路を生産する工場が多く建設され、集積回路の生産地となった。これにより、九州地方は**シリコンアイランド**と呼ばれている。

国内輸送の割合

　鉄道と高速道路に関して説明してきたけれど、ここからは日本国内の輸送の状況について紹介したい。国内の輸送で多く利用されているのは鉄道、自動車、船、航空機のうちどれか考えてみよう。

> 私は電車とバスをよく使います。
> 鉄道か自動車だと思いますが、どっちでしょうか……。

　高度経済成長のころと現在では、国内輸送の中心が変わっているんだ。次のグラフを見てほしい。

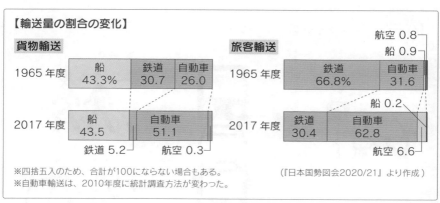

【輸送量の割合の変化】

貨物輸送

| 1965年度 | 船 43.3% | 鉄道 30.7 | 自動車 26.0 |

| 2017年度 | 船 43.5 | 自動車 51.1 |
鉄道 5.2　　航空 0.3

旅客輸送

航空 0.8
船 0.9

| 1965年度 | 鉄道 66.8% | 自動車 31.6 |

| 2017年度 | 鉄道 30.4 | 自動車 62.8 |
船 0.2
航空 6.6

※四捨五入のため、合計が100にならない場合もある。
※自動車輸送は、2010年度に統計調査方法が変わった。

（『日本国勢図会2020/21』より作成）

　現在では、**貨物輸送も旅客輸送も自動車が大きな割合を占めている**んだ。これは高速道路の整備が進んだことと、自動車の輸送がやはり便利

という点が影響していると考えられるね。

　鉄道などの交通機関を利用した場合と違って、目的地まで直接運べるのが自動車の利点だよね。ただし、自動車輸送には重要な問題点もある。何だかわかるかな？

　自動車による輸送のほうが環境への負荷が大きいということだね。それぞれの目的地までトラックで運ぶよりも、鉄道である地点までいっしょに運んだほうが、大気汚染は少なくてすむんだ。そこで、トラックを代表とするような自動車輸送を、途中で鉄道や船に切り替えて運搬するという方法が注目されているんだ。これをモーダルシフトというよ。

　同じような取り組みとして、パークアンドライドというのがある。74ページでも説明したように、パークアンドライドというのは、文字どおりパーク（駐車）して、ライド（乗る）という意味。つまり、**自家用車を駅にパーク（駐車）して、公共の交通機関にライド（乗る）する**という取り組みなんだ。ばらばらに目的地を目指すよりも、公共の交通機関を利用したほうが、汚染物質の排出を抑えられるんだ。パークアンドライドは、環境問題以外にも利点があるんだけど、何か考えつくかな？　旅行したときのことなどを思い出すとわかるかもしれないよ。

　自家用車を自宅の最寄り駅に駐車することになるため、パークアンドライドには交通渋滞の軽減や歴史的な都市の景観を守ることにもつながるという側面があるんだ。日本でも注目されている取り組みだよ。

【パークアンドライドのイメージ】

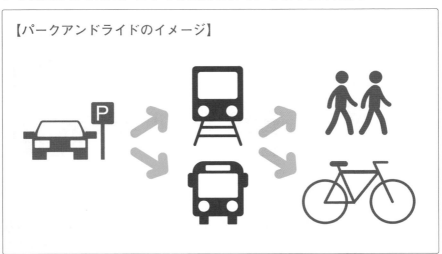

テーマ 14　日本の交通のポイント

● 鉄道

新幹線	区間	特徴など
東北新幹線	東京－新青森	ミニ新幹線（秋田新幹線、山形新幹線）につながる
北海道新幹線	新青森－新函館北斗	2030 年度末に札幌まで開業予定
東海道新幹線	東京－新大阪	**日本初の新幹線**。1964 年開催の東京オリンピックに合わせて開業
上越新幹線	東京－新潟	「越後」は新潟の旧国名
北陸新幹線	東京－金沢	長野オリンピックに合わせて開業した長野新幹線が金沢まで延長
山陽新幹線	新大阪－博多	東海道新幹線と直通で運行
九州新幹線	博多－鹿児島中央	福岡、熊本、鹿児島を通る

● 高速道路

新幹線	区間	特徴など
東北自動車道	東京－青森	東北自動車道沿いに集積回路の工場が進出。シリコンロードと呼ばれる
東名高速道路	東京－愛知	神奈川や静岡を通る
中央自動車道	東京－愛知	甲府（山梨）や諏訪（長野）を通る
名神高速道路	愛知－兵庫	日本初の高速道路
関越自動車道	東京－新潟	「越後」は新潟の旧国名
山陽自動車道	兵庫－山口	中国地方の南側を通る
九州自動車道	福岡－鹿児島	集積回路の工場が進出した九州はシリコンアイランドといわれる

● 国内輸送の割合

貨物輸送、旅客輸送ともに自動車の割合が大きい
　　➡大気汚染につながる
モーダルシフト……自動車輸送を、途中で鉄道や船に切り替えて輸送すること
パークアンドライド……最寄り駅に自家用車を駐車、公共交通機関に乗ることで大気汚染を軽減しようとする運動

第1章　世界のすがた

第2章　世界の諸地域

第3章　日本の特色と世界とのつながり

第4章　日本の諸地域

第5章　資料の読み取り

野菜・果物生産量トップ3

　農作物の産地は非常によく出題されるよ。とくに出題頻度の高いものは赤字で記載しているので、しっかり暗記してほしい。野菜、果物以外もまとめておくよ。特徴的な農法については次のテーマ15でくわしく紹介するよ。

果物	1位	2位	3位
みかん	和歌山	静岡	愛媛
日本なし	千葉	茨城	栃木
西洋なし	山形	青森	新潟
ぶどう	山梨	長野	山形
もも	山梨	福島	長野
りんご	青森	長野	岩手
おうとう （さくらんぼ）	山形	山梨	―
柿	和歌山	奈良	福岡
梅	和歌山	群馬	―
びわ	長崎	千葉	鹿児島
野菜	1位	2位	3位
ねぎ	千葉	埼玉	茨城
ほんれんそう	千葉	埼玉	群馬
キャベツ	群馬	愛知	千葉
はくさい	茨城	長野	―
レタス	長野	茨城	群馬
だいこん	北海道	千葉	青森
にんじん	北海道	千葉	徳島
たまねぎ	北海道	佐賀	兵庫
かぼちゃ	北海道	鹿児島	―
きゅうり	宮崎	群馬	埼玉
なす	高知	熊本	群馬

【みかん】
静岡が3位の年も多い

【日本なし】
鳥取がランクインすることもあるよ。

【ねぎ、ほうれんそう】
近郊農業の代表である千葉・埼玉・茨城がランクイン！

【キャベツ、はくさい、レタス】　高冷地農業をおこなう長野・群馬がランクイン！

【きゅうり、なす】
促成栽培をおこなう宮崎・高知がランクイン！

野菜	1位	2位	3位
ピーマン	茨城	宮崎	高知
トマト	熊本	北海道	愛知
いちご	栃木	福岡	熊本
すいか	熊本	千葉	山形
穀物	1位	2位	3位
米※	新潟	北海道	秋田
小麦※	北海道	福岡	佐賀
工芸作物	1位	2位	3位
茶※	静岡	鹿児島	三重
いぐさ※	熊本	福岡	－
こんにゃくいも	群馬	栃木	－
さとうきび	沖縄	鹿児島	－
てんさい※	北海道	－	－
豆類・いも類	1位	2位	3位
大豆※	北海道	宮城	秋田
落花生※	千葉	茨城	－
ばれいしょ	北海道	－	－
かんしょ※	鹿児島	茨城	千葉

いぐさは畳の原材料。

てんさいは北海道で100％栽培しているよ。砂糖の原材料。

鹿児島には水はけのいいシラス台地が広がっているよ。茶やかんしょ（さつまいも）、たばこの生産がさかん。

※がついているものは2019年の生産量。
ほかは2018年の数値。
（『日本国勢図会2020/21』より作成）

⑮ 日本の産業

┃┃━ イントロダクション ━┃┃

◆ 日本の農業 ➡ 入試頻出！ 日本各地の特徴的な農業を紹介するよ。

◆ 日本の水産業・林業 ➡ 水産業や林業の近年の動向に注目！

◆ 日本の工業 ➡ 入試頻出！ 日本の工業の特徴と日本の工業地帯（地域）を覚えよう。

日本の農業

さっそくだけれど、ここでひとつ質問。日本の食料自給率はどれくらいか知っているかな？

日本の食料自給率は、カロリーベースで約40％となっているんだ。ほかの先進諸国とくらべても、**日本の食料自給率は低く、輸入に頼っている**状況なんだ。とくにアメリカ合衆国や中国から、多くの食料を輸入しているよ。

食料自給率の高い食べ物もありますよね？

そうだね。食料自給率の高いものと低いものがあるよ。それらを総合した、日本の食料自給率が約40％となるということだね。具体的な自給率をチェックしていこう。

作物	自給率	作物	自給率	作物	自給率
米	97％	小麦	12％	いも類	73％
豆類	7％	野菜	77％	果実	38％
肉類	51％	鶏卵	96％	牛乳／乳製品	59％

（農林水産省HPより作成／平成30年度の食料自給率を記載）

日本の主食である米は日本各地で生産されているよ。

日本の農業は稲作が中心なんだ。稲作に適した地域の特徴は「平地がたくさんあること」「水分が豊富であること」「夏にたくさんの日照時間があって昼と夜の温度差が大きいこと」。これらの条件に大きく合致しているのが東北地方だね。

東北地方は寒いイメージがあるかもしれないけれど、昼や夏には気温が上昇するので問題なく、雪解け水が豊富なのも、稲作の条件にぴったりだよね。**東北地方では日本全国の約4分の1の米を生産している**んだ。米の生産量のランキングもチェックしてほしい。

1位：**新潟県**	2位：**北海道**	3位：**秋田県**	4位：山形県
5位：宮城県	6位：福島県	7位：茨城県	8位：栃木県
9位：千葉県	10位：青森県	（『日本国勢図会2020/21』より作成）	

　1位の新潟県と2位の北海道は、年によって1位と2位が入れ替わるので注意しよう。10位までに東北地方の県が5つもランクインしているよ。東北地方のなかで唯一10位以内に含まれていない岩手県は惜しくも11位。いかに東北地方で稲作がさかんか伝わったかな。

　新潟県を代表とするような北陸地方の稲作は水田単作が特徴だよ。一年に一度、稲をつくるというのが水田単作なんだ。北陸地方は積雪の多い地域で冬に農業をおこなうことが難しいため、水田単作地帯が広がっているんだね。

　北海道は寒さが厳しいため、本来稲作に適した地域ではないんだ。上川盆地は昼夜の気温の差が大きかったために古くからの稲作地帯だけれど、ほかの地域では稲作はさかんではなかった。それが現在では生産量ナンバーワンを争うほどの稲作地帯となっているよ。ポイントは、品種改良と客土。寒さに強い品種をつくることに成功したんだ。客土というのは、ほかの地域の質のよい土を運んで、その土地を改良することだよ。

　3位の秋田県にある八郎潟について紹介しておきたい。八郎潟は琵琶湖に続いて2番目の面積を持つ湖だったんだ。それが今では18位となっている。これは湖を干拓して、大潟村をつくったからなんだ。干拓とは、海や湖、沼などを堤防で囲み、水を干しあげて陸地化すること。八郎潟を干拓して大潟村をつくり、稲作地帯をつくろうとしたんだ。しかし、米をつくりすぎたことで本格的に減反政策がおこなわれ、現在の八郎潟では水田を畑に変える転作や、稲作を中断する休耕がおこなわれているんだ。

稲作に適していない日本の地域の例
- シラス台地（鹿児島県）……火山灰が積もってできた土地で、水はけがよいため、稲作には向かない。さつまいもやたばこの生産や、家畜の飼育がさかんな地域になっているよ。
- 讃岐平野（香川県）……年間を通して降水量が少なく、大きな河川にも恵まれていないため、稲作には適していない。香川県では、古くからうどんづくりが発達しているよ。

　続いて、日本でおこなわれている特徴的な農業を紹介していくよ。

　高知県、宮崎県でさかんな農業に促成栽培というものがある。「促」の訓読みはわかるかな？　「うなが」すと読むんだ。

　促成栽培とは温暖な気候をいかした「早づくり」のことだよ。本来は夏に栽培する野菜を、冬から春につくって出荷するのが促成栽培。暖かい地域といってもビニールハウスを利用していることも多く、施設園芸農業という側面もあるんだ。代表的な産地と作物は、**高知平野のなす、宮崎平野のピーマン**だよ。

　「早づくり」が促成栽培なのに対して、「遅づくり」である抑制栽培を紹介するよ。**抑制栽培は出荷時期を遅らせる栽培方法**を指すんだ。

　促成栽培も抑制栽培も**出荷時期をずらすことで高い値段で売ることができる**という利点があるんだ。促成栽培や抑制栽培をおこなう理由を説明する問題も出題されやすいので要注意。促成栽培や抑制栽培について説明する問題では、単に「時期をずらすため」では説明が足りない。促成栽培なら出荷時期を「早める」、抑制栽培なら出荷時期を「遅らせる」というところまで説明する必要があるから注意しよう。

　抑制栽培の代表的な農業に高冷地農業というものがあるよ。高冷地の農業がどんな農業か想像できるかな。漢字に注目してみよう。

　「高い」「冷たい」「土地」農業……。想像できそうだよね。**標高の高い地域で、夏でも涼しい気候を利用した農業を高冷地農業という**んだ。

高冷地農業で出荷される野菜の代表は、キャベツ、はくさい、レタスなどの高原野菜。高原野菜は暑さに弱い作物なので、露地栽培では冬などの気温の低い時期につくられるんだ。**長野県はレタス、はくさいの栽培がさかん。群馬県ではキャベツの生産がさかん**なんだ。高冷地農業の代表的な産地として長野県、群馬県をおさえておこう。

> 高冷地農業はわかったけれど、ほかにも抑制栽培が
> おこなわれているものはあるのでしょうか？

あるよ。「電照菊」というものを知っているかな？　菊には日照時間が短くなると花を咲かせるという性質があるので、人工的に光を当てて、日照時間を調整することで出荷時期を遅らせているんだ。

電照菊は愛知県の渥美半島でさかんにつくられているよ。ほかにもビニールハウスを利用した「遅づくり」もあるので、抑制栽培にはいくつかの方法がある。高冷地農業は抑制栽培の一種といえるんだ。

では、ここでひとつ質問。野菜生産額がもっとも多い都道府県はどこか、知っているかな？　ヒントは「じゃがいも、たまねぎ、にんじんをもっとも多く生産している都道府県」だよ。わかったかな？

正解は北海道。面積が広く、農業がさかんな北海道は畜産だけでなく、野菜の生産も非常にさかんなんだ。北海道の次に野菜の生産がさかんな都道府県としては、茨城県や千葉県があげられるよ。

茨城県や千葉県は近郊農業の代表的な地域。**近郊農業とは大消費地に近い立地をいかして、鮮度がとくに重要となる野菜や花きを出荷する農業**のこと。茨城県ではピーマンやはくさい、千葉県と埼玉県では、ねぎやほうれんそうの生産量が多いんだよ。

ここまで日本の特徴的な農法に注目してきたけれど、144～145ページの「入試頻出！　野菜・果物生産量トップ3」をもう一度確認してみよう。ここで紹介した内容とリンクさせながら確認することで、覚えやすくなるよ。

日本の水産業・林業

まず、日本でおこなわれている漁業の種類を紹介していくよ。

遠洋漁業とは、遠くの海で数十日から数か月間にわたって漁業をおこなう大規模な漁業のこと。

沖合漁業は遠洋漁業ほどではないが、比較的大型の船で数日間漁業をするもの。現在もっとも漁獲量の多いのが沖合漁業なんだ。

沿岸漁業は漢字のとおりで沿岸部でおこなう漁業。日帰りできる程度の近海でおこなわれるんだ。これら3つが「とる漁業」といわれるものだよ。

「とる漁業」に対して「育てる漁業」といわれるのが養殖漁業と栽培漁業。**養殖漁業は、いけすなどで魚や貝を育て、成長したら出荷する**というもの。出荷まで人工的に育てるため、えさ代はかかるけれど外敵に食べられる心配はしなくてすむ。費用はかさむけれど、確実性の高い漁業ということだね。**栽培漁業はいけすなどで稚魚まで育て、その後に放流し、自然の海で成長した魚をとって出荷する**漁業。えさ代が少なくてすむけれど、確実にとれるわけではないというのが栽培漁業の特徴だね。

養殖漁業と栽培漁業の違いを説明させる問題や長所と短所を説明させる問題も出てくるので、きちんと理解して説明できるようにしよう。ちなみに、養殖漁業と栽培漁業がこんがらがってしまう人が多いので、『栽培は放流』という点を強調して覚えておこう。テストで反対を書いてしまわないようにね。『栽培は放流』だよ。10回くらい唱えておいてね。

では、続いて日本の水産業の状況を確認していこう。日本の漁獲量は全体的に減少傾向にあるんだ。右のグラフで確認してみよう。

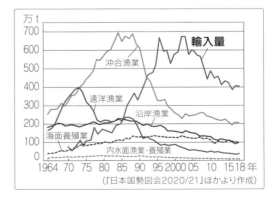

（『日本国勢図会2020/21』ほかより作成）

まず、**遠洋漁業**。遠洋漁業は燃料となる石油の値段の高騰に大きく影響を受けて、早くから漁獲量が減少したんだ。

　きっかけは1973年の**石油危機**。遠洋漁業は遠い海で数十日以上も漁業をおこなうため、燃料も多く使用しなくてはいけない。石油危機の影響が大きかったのもうなずけるね。

　さらに、(排他的) 経済水域の決定によって**自由に漁業ができる範囲が狭まった**ことも影響して、衰退しているんだ。ちなみに、石油危機とは第四次中東戦争の影響で石油の値段が高騰し、経済が混乱した事件だよ。

　(排他的) 経済水域は、領土から200海里以内の範囲で、沿岸国が自由に漁業をおこなったり、自由に地下資源を採掘できたりする海域のことだったね。忘れていたら、この機会に復習しておこう。

　沖合漁業は水産資源の減少や後継者不足が影響して漁獲量が減少したんだ。水産資源が減少しているひとつの理由として、地球温暖化が考えられているよ。地球温暖化が一般的に問題になり始めたのが1980年代後半のことなので、1990年ごろから沖合漁業が減少を始めたこととも時期が一致しているんだ。

　このように、日本の漁獲量は減少傾向にある。でも日本人の魚介類の消費量は世界的に見ても多いんだ。ということは、漁獲量が減ったぶん、輸入が増えていることが想像できるね。日本は中国や東南アジアなどから魚介類を輸入しているよ。

日本の漁業の全体的な傾向はつかめました。

　では、漁業のさかんな地域に注目していこう。

　まず確認したいのが、**リアス海岸**でも有名な**三陸海岸**。三陸海岸は潮目にも近く、漁業がさかん。**潮目とは暖流である日本海流（黒潮）と寒流である千島海流（親潮）がぶつかる海域**のこと。プランクトンが豊富で魚が多く集まるため好漁場となるんだ。

　三陸海岸には、気仙沼や石巻などの有名な漁港があるよ。

東シナ海には水深が200m程度の浅瀬が広がっていて好漁場となっているんだ。**水深が200mほどの浅瀬**を大陸棚というよ。東シナ海と大陸棚をセットで覚えておこう。

オホーツク海や太平洋の北部でおこなう漁業を北洋漁業という。北海道の釧路港や根室港などでおこなわれている漁業だ。北洋漁業も排他的経済水域の問題があって、漁獲高は減少しているよ。遠洋漁業が大きく衰退していることは紹介したけれど、遠洋漁業の基地としては静岡県の焼津港をおさえておこう。

今、出てきた漁港は、全部太平洋側ですね。

いいところに目をつけたね。

近年、漁獲量がもっとも多いのは千葉県の銚子。太平洋側のほうが漁獲量は多くなっているよ。

日本海側で漁獲量が多いのは鳥取県の境港。瀬戸内海沿岸は養殖がさかんなんだ。とくに**広島県のかき**が有名だね。瀬戸内海以外の地域では、**鹿児島県のぶり**、**静岡県浜名湖のうなぎ**、**三重県志摩半島の真珠**が重要だよ。愛媛県や長崎県でも真珠の養殖がさかん。宮城県のかき、青森県のほたても有名だね。

瀬戸内海は赤潮の被害が多い地域でもある。赤潮というのはプランクトンが大量に発生し、魚に被害を及ぼすもの。養殖に被害がでることがあるんだ。

続いて、日本の林業に関して説明していこう。

まず、森林のはたらきを紹介したい。代表的なものを確認しよう。

❶二酸化炭素を吸って酸素を供給する（地球温暖化を防ぐ）。

❷動植物のすみかとなる。

❸「緑のダム」といわれ、地中の保水効果がある。

❹土砂くずれや洪水を防ぐ。

❺風や砂を防ぐ（防風林、防砂林）。

このように、森林はさまざまなものをもたらしてくれる。このような森林が日本の国土の約70%を占めているのを知っているかな。

日本は山地が国土の4分の3を占めることもあり、森林の割合が高いんだ。森林の割合は高いものの、日本の林業の現状は厳しい。高度経済成長期に木材が不足し、輸入木材の割合が急激に高まったんだ。**輸入木材のほうが安いため、現在でも木材の自給率は低く、70％程度を輸入に頼っている**のが現状だよ。日本が木材を多く輸入している国は**カナダ**や**ロシア連邦**、アメリカ合衆国といった針葉樹林の多い国なんだ。ほかにもマレーシアやインドネシアからの輸入も多いよ。

もうひとつ、日本の林業が抱える問題点に林業従事者の高齢化、後継者不足があるんだ。

[津軽ひば]

最後に、日本三大美林を紹介しよう。天然の日本三大美林と人工の日本三大美林があるんだ。天然の日本三大美林は津軽ひば（青森）、秋田すぎ（秋田）、木曽ひのき（長野）を指す。人工の日本三大美林には天竜すぎ（静岡）、尾鷲ひのき（三重）、吉野すぎ（奈良）が含まれるよ。

日本の工業

日本の工業に関して紹介していこう。

日本の工業は加工貿易によって発達してきた。**加工貿易とは、原材料を輸入して、製品に加工してから輸出する貿易**のこと。

日本では鉱産資源があまりとれない。日本で採掘可能な鉱産資源の種類は豊富でも、量がとれないので、工業に利用する原材料の多くは輸入に頼っているんだね。つまり、日本の工業の特徴は「原材料を輸入して製品をつくる」ということになる。だから、**日本の多くの工業地帯、工業地域は原料の輸入や製品の輸出に便利な太平洋沿岸部につくられている**。日本の工業地帯、工業地域が集中するところを**太平洋ベルト**というんだ。

では、具体的に工業地帯、工業地域の特徴を紹介するけれど、次の地図を見て、まずは場所をしっかり確認してほしい。場所を知らないと解けない問題や理解しにくいものも多いからね。

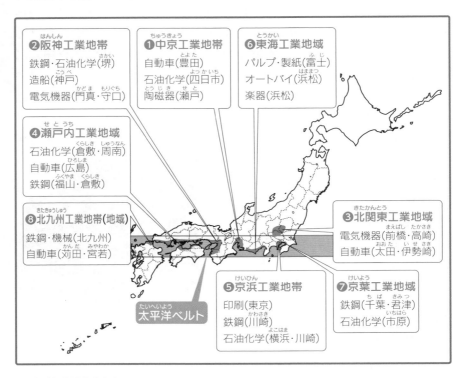

❷阪神工業地帯
鉄鋼・石油化学(堺)
造船(神戸)
電気機器(門真・守口)

❶中京工業地帯
自動車(豊田)
石油化学(四日市)
陶磁器(瀬戸)

❻東海工業地域
パルプ・製紙(富士)
オートバイ(浜松)
楽器(浜松)

❹瀬戸内工業地域
石油化学(倉敷・周南)
自動車(広島)
鉄鋼(福山・倉敷)

❸北関東工業地域
電気機器(前橋・高崎)
自動車(太田・伊勢崎)

❽北九州工業地帯(地域)
鉄鋼・機械(北九州)
自動車(苅田・宮若)

太平洋ベルト

❺京浜工業地帯
印刷(東京)
鉄鋼(川崎)
石油化学(横浜・川崎)

❼京葉工業地域
鉄鋼(千葉・君津)
石油化学(市原)

❶ 中京工業地帯　おもな地域：愛知・三重

中京工業地帯は製造品出荷額が**第1位**の工業地帯。これは自動車工業のさかんな豊田市の影響が大きいといえる。

製造品出荷額の構成では、自動車工業を含む**機械工業の割合が非常に高く、約70%**となっている。ほかの工業地域の多くでも機械工業の割合が高くなっているけれど、60%を超えるのは中京工業地帯だけなんだ。

そのほかにも瀬戸(愛知)の陶磁器、四日市(三重)の石油化学、一宮(愛知)のせんい工業などがあるよ。陶磁器全般を指して瀬戸物とも言うよね。瀬戸でつくられる陶磁器が、いかに有名かがうかがえるね。

❷ 阪神工業地帯　おもな地域：**大阪・兵庫**

　阪神工業地帯は、大阪の「阪」と神戸の「神」で「阪神」工業地帯なので、場所はわかりやすいね。阪神工業地帯の特徴は中小工場が多いこと。さまざまな地域でつくった部品を大きな工場に集めて組み立てるような、大工場ならではの自動車や電気機械の生産よりも、大工場の下請けをおこなう工場が阪神工業地帯には多いということだね。

　このような特徴があるので、製造品出荷額の構成では、比較的**金属工業の割合が高め**になって、機械工業の割合が少なめなのが特徴なんだ。また、せんい工業から発展した阪神工業地帯では、せんい工業もさかん。工業都市としては、造船業のさかんな神戸と石油化学のさかんな堺などがある。

❸ 北関東工業地域　おもな地域：**群馬・栃木・埼玉・茨城**

　かつては養蚕がさかんで、桑畑が多く見られた地域に高速道路が整備されて、工場が進出して形成された工業地域。関東内陸工業地域ともいうよ。

　土地が広く、労働力も集めやすかったために急速に発展したんだ。関東内陸工業地域の特徴は、何といっても内陸にあるということ。内陸にあるため、原材料の輸入には適していない。関東内陸工業地域では組み立て工業がさかんなんだ。自動車や電気機械の部品を各地から集めて組み立てるんだ。

　群馬県の前橋では電気機械工業が、同じく群馬県の太田では自動車工業がさかん。埼玉県の秩父ではセメント工業がさかんだよ。茨城には北関東工業地域の一部としても考えられている鹿島臨海工業地域があり、電

少し ぐわしく　📖 阪神工業地帯の成立

　江戸時代に「天下の台所」と呼ばれ、経済の中心地だった大阪には、工業が発達する土台があった。明治時代には大阪紡績会社が設立され、せんい工業が発達し、「東洋のマンチェスター」と呼ばれるまでになる。マンチェスターとは、産業革命の中心地かつせんい工業がさかんなイギリスの都市。現在でも、阪神工業地帯はせんい工業がさかん。

気機械工業のさかんな日立（ひたち）が有名だね。**鹿島臨海工業地域には、掘り込み式の港がある**んだけれど、これが鹿島臨海工業地域を答えるさいのヒントになりやすいので要チェック。

❹ 瀬戸内工業地域（せとうちこうぎょうちいき）　おもな地域：**岡山・広島・愛媛**

瀬戸内海は内海で波が非常に穏やかなため、塩田が多かった。現在は工場で塩をつくることが多くなり、塩田は使われなくなったんだ。この**塩田の跡地や軍用地に工場が進出して成立**したのが瀬戸内工業地域。岡山県の倉敷（くらしき）の石油化学コンビナートが有名。ちなみに「倉敷」と書かずに水島地区と示す場合もあるので注意しよう。

石油化学コンビナートとは、石油をつかう工場などを一定の地域に集めたものを指すよ。輸入した石油をいろいろな地域に運ぶのは輸送費がかかってもったいないということで、生産工程や原材料で石油をつかう鉄鋼業や石油化学の工場を近くにつくろうと考えたわけだね。倉敷以外にも、広島の自動車、愛媛県の今治（いまばり）のタオルは有名だよ。タオル生産では今治市が日本でもっともさかんな都市なんだ。

❺ 京浜工業地帯（けいひんこうぎょうちたい）　おもな地域：**東京・神奈川**

京浜工業地帯は、東京の「京」と横浜の「浜」で「京浜」工業地帯なので、場所はわかりやすいね。戦後は長く工業生産額が最大だったけれど、近年では中京工業地帯が最大の工業地帯となっているよ。

京浜工業地帯の重要な特徴は出版業がさかんなこと。東京は政治・経済・文化の中心地なので、新聞社や出版社は東京に集中しているんだ。ただ、現在は出版業を第2次産業に含めないことになっているので、製造品出荷額には含まれていないんだ。京浜工業地帯の工業都市として、鉄鋼業のさかんな川崎、造船業や自動車工業のさかんな横浜などがあるよ。

産業の分類に関して知っておこう。

第1次産業……農業・林業・水産業のような、自然を相手にした産業

第2次産業……工業や建設業、造船業など、「つくる」産業が含まれる

第3次産業……商業、サービス業、運輸業などを指す

知っていますか？

ここまでは基本的な内容で必須事項だが、産業構造の多様化も影響し、以下のような分類が新たに登場してきているので、確認しておこう。

第6次産業……農業（第1次産業）＋加工・製造（第2次産業）＋運送・販売（第3次産業）というように生産から販売までを組み合わせたもの。1＋2＋3次産業で6次産業ということ。農林水産省が日本の農業活性化を目指して推奨しているよ。

❻ 東海工業地域　| おもな地域：**静岡** |

　東海工業地域の特徴を理解するためには工業都市を覚えるのがいちばん。**浜松ではピアノ・オートバイの生産がさかん**なんだ。なんと静岡県で国産のピアノのシェアが100％！　国産のピアノのすべてが静岡県で生産されているなんて驚きだよね。ちなみにオートバイは統計資料などでは「輸送用機器」のように記載され、オートバイとは載らないだろうから注意しよう。浜松市のほかには、富士市では**製紙・パルプ工業がさかん**。日本でもっとも製紙業がさかんな工業都市なんだ。

❼ 京葉工業地域　| おもな地域：**千葉** |

　京葉工業地域は千葉県の東京湾沿岸に位置する工業地域。もっとも重要な特徴は**化学工業の割合が高い**ことなんだ。

　京葉工業地域以外の工業地帯、工業地域では機械工業の割合がもっとも高い。京葉工業地域だけは化学工業の割合がもっとも高いんだ。

　化学工業がさかんということは石油を輸入することになるので、同じく石油を必要とする鉄鋼業もさかんにおこなわれているんだ。石油化学の市原、鉄鋼業の千葉、君津といった工業都市があるよ。市原は石油化学コンビナートがあることでも有名。

❽ 北九州工業地帯（地域） おもな地域：**福岡・大分**

　1894年に日清戦争が起こったことは知っているかな？　日本と中国の戦争が明治時代に起こったんだ。

　地理の説明なので歴史については簡単な紹介にとどめるけれど、日本はこの戦争に勝利して、多額の賠償金を得たんだ。この賠償金を投じて、北九州につくられたのが**八幡製鉄所**。八幡製鉄所を中心に鉄鋼業が発達し、北九州工業地帯が成立したんだ。北九州工業地帯は近くに**筑豊炭田**があり、石炭を利用しやすく、**中国に近いために鉄鉱石が輸入しやすかった**ことで発達していった。

　でも、北九州工業地帯の現在の地位は低くなっているよ。いままで紹介してきた8つの工業地帯、工業地域の順番は2017年の製造品出荷額の多い順になっているんだ。**日本のおもな工業地帯、工業地域の中で北九州工業地帯は製造品出荷額がもっとも少ない**工業地帯になってしまったんだ。

　古くからある中京・阪神・京浜・北九州工業地帯は四大工業地帯と呼ばれてきたけれど、北九州工業地帯の低迷のために、最近では三大工業地帯という言い方に変わってきて、北九州工業地帯は除かれてしまっているよ。さらに、北九州工業地「域」という呼び方に変わってきているね。

> どうして北九州工業地帯の生産額は
> 減少してしまったんですか？

　1960年ごろに**エネルギー革命**が起こったんだ。エネルギー源の中心が石炭から石油にかわり、筑豊炭田に近いというメリットが失われたことが原因だね。

　ちなみに、製造品出荷額の順番を示したのは、あくまで参考程度。製造品出荷額の順番は年によって結構変化するので、近年独走状態の中京工業地帯以外の順番は暗記の必要なし。中京工業地帯が日本最大の工業地帯というのは覚えてね。

知っていますか？

工業地帯（地域）の出荷額と食料品工業の割合について、知っておいてほしい考え方がある。工業地帯（地域）によって出荷額はさまざまで、金属工業がさかんなところや化学工業の割合が高いところなど特徴も異なる。そんななか、食料品工業の出荷額は違いが少なくなる。どんな地域の人だって食事はするからね。

つまり、食料品工業の出荷額は、およそ同じと考えると、**全体の出荷額の少ない工業地帯（地域）では食料品工業の占める割合が大きくなる**ことになるね。おもな工業地帯（地域）のなかでもっとも**出荷額が少ない北九州工業地帯は食料品工業の割合が最大**になっている。

　日本のおもな工業地帯、工業地域に関する紹介は終了。それぞれの特徴は理解できたかな？

　日本の工業の特徴が加工貿易であるというのは、現在も共通の特徴となっているけれど、近年の日本の工業の特徴を最後に紹介しておこう。

　せんい工業は衰退してしまっている。これは中国やベトナムから安価な衣類を多く輸入していることが原因なんだ。日本の工業としては先端技術産業や精密機械工業などの技術力をいかした工業が発展しているんだ。精密機械工業のさかんな地域を3つ確認しよう。

1. **シリコンロード**
　東北自動車道沿いに集積回路（IC）の工場が進出。
2. **シリコンアイランド**
　九州地方に空港や高速道路が整備され、集積回路（IC）の工場が進出。
3. 長野県の諏訪盆地
　養蚕がさかんだった地域に精密機械工業の工場が移転。
　精密機械工業に必要とされる、きれいな空気と豊富な水がある。

テーマ15　日本の産業のポイント

● 農業

　稲作　1位：新潟県　　2位：北海道　　3位：秋田県

　　・新潟などの北陸地方では**水田単作地帯**が広がる

　　・東北地方で全国の4分の1の米を生産

　　促成栽培……温暖な気候をいかした「早づくり」

　　・高知県のなす、宮崎県のピーマンなど

　　高冷地農業……夏でも冷涼な気候をいかした「遅づくり」

　　　　　　　　　　　　　　　　　　　　（抑制栽培のひとつ）

　　・長野県のレタス、群馬県のキャベツなどの高原野菜

　　近郊農業……大消費地に近い立地をいかして、野菜や花きを出荷

　　・茨城県のピーマン、千葉県と埼玉県のねぎやほうれんそうなど

● 水産業

　遠洋漁業：数十日から数か月間にわたっておこなう大規模な漁業

　　➡石油危機後の石油高騰と（排他的）経済水域の決定により漁獲
　　　量が減少

　沖合漁業：数日間漁業をするもので、現在もっとも漁獲量が多い

　　➡水産資源の減少や後継者不足が影響して漁獲量が減少

　沿岸漁業：日帰りできる程度の近海でおこなわれる漁業

　養殖漁業：いけすなどで魚や貝を育て、成長したら出荷

　栽培漁業：いけすなどで稚魚まで育て、放流して成長した魚をとる

● 工業

　原材料を輸入して、製品を輸出する**加工貿易**によって発達

　　➡工業地帯（地域）が臨海部に集中（**太平洋ベルト**）

工業地帯（地域）	おもな都道府県	特徴
中京工業地帯	愛知・三重	製造品出荷額が最大　機械工業の割合が大きい（約70%）
阪神工業地帯	大阪・兵庫	中小工場が多い　金属工業・せんい工業の割合が高い
北関東工業地域	群馬・栃木・埼玉・茨城	自動車などの組み立て工業がさかん

瀬戸内工業地域	岡山・広島・愛媛	塩田や軍用地の跡地に工場が進出 石油化学工業がさかん
京浜工業地帯	東京・神奈川	出版業がさかん
東海工業地域	静岡	ピアノ・オートバイの生産がさかん
京葉工業地域	千葉	化学工業の占める割合がもっとも高い
北九州工業地帯	福岡・大分	八幡製鉄所ができたことで発展 現在は製造品出荷額がもっとも少ない

伝統的工芸品

日本の伝統的工芸品について紹介していこう。

入試にもよく出る伝統工芸を都道府県ごとにまとめていくので、しっかり整理していこう。

東北地方や北陸地方は冬の降雪量が多く、冬の期間に農作業ができないため、家内工業として伝統工業が発達したんだ。東北地方の伝統工業はとくに重要なものが多いから注目しよう。

[南部鉄器]

[輪島塗]

[備前焼]

[宮城伝統こ

❶	青森県	弘前市	津軽塗
❷	岩手県	盛岡市	南部鉄器
❸	秋田県	大館市	大館曲げわっぱ
❹	宮城県	鳴子町	宮城伝統こけし
❺	山形県	天童市	天童将棋駒
		米沢市	置賜つむぎ
❻	福島県	会津若松市	会津塗
❼	栃木県	益子町	益子焼

⑧	新潟県	小千谷市	小千谷ちぢみ
		燕市	燕鎚起銅器
⑨	石川県	輪島市	輪島塗
		金沢市	九谷焼
		金沢市	加賀友禅
⑩	岐阜県	美濃市	美濃和紙
		多治見市	美濃焼
⑪	愛知県	瀬戸市	赤津焼
⑫	滋賀県	信楽町	信楽焼
⑬	京都府	京都市	西陣織
			清水焼
			京友禅
⑭	奈良県	奈良市	奈良筆
⑮	岡山県	備前市	備前焼
⑯	広島県	熊野町	熊野筆
⑰	山口県	萩市	萩焼
⑱	高知県	伊野町	土佐和紙
⑲	大分県	別府市	別府竹細工
⑳	福岡県	福岡市	博多人形
㉑	佐賀県	伊万里市・有田町	伊万里焼・有田焼
		唐津市	唐津焼

📖 少し くわしく 「伊万里焼」と「有田焼」

　日本で本格的に磁器が焼かれるようになったのは、約400年前だといわれる。豊臣秀吉が朝鮮出兵のさいに朝鮮半島から陶工を連れてくるように命じ、連れてこられた陶工たちが有田周辺で磁器をつくったのが有田焼のはじまり。有田周辺でつくられた磁器は伊万里の港を利用して輸送された。そのため、肥前国（現在の佐賀県、長崎県）でつくられる磁器の全般を伊万里焼という。

テーマ16 日本の貿易

■■ イントロダクション ■■

◆ **日本の貿易の特徴** ➡ 日本の貿易に関して全体的な特徴を理解しよう。
◆ **主要な貿易港** ➡ 工業を思い出しながら貿易港の特徴を把握しよう。

日本の貿易の特徴

　日本は原材料を輸入してそれを加工した製品を輸出する**加工貿易**をおこない、石油危機が起こった1973年などの数年を除いて、2010年までは輸出超過が続いていた。輸出超過というのは貿易黒字、つまり日本は貿易することで儲かっていたということだね。

　日本のような輸出超過の国と、輸入超過の国（貿易赤字の国）との対立を**貿易摩擦**というよ。日本とアメリカ合衆国に生じた貿易摩擦を紹介しよう。

　日本の自動車がアメリカ合衆国に多く輸出され、アメリカ合衆国の自動車は売れにくくなり、アメリカ合衆国の自動車産業にダメージを与えた。当時、日本は牛肉やオレンジの輸入を制限していたため、アメリカ合衆国は日本に牛肉やオレンジの輸入自由化を求めたんだ。このような貿易摩擦の影響で、日本は**牛肉やオレンジの輸入自由化**を決め、さらに米の輸入も1995年からおこなっているよ。また、相手国の雇用に悪影響を与えにくい**現地生産を拡大させるようになった**んだ。

　この現地生産が日本の輸入品に変化をもたらしたんだ。

　復習になるけれど、1970年代から日本の貿易の特徴は加工貿易だったよね。つまり、原材料の輸入が多かったということ。それが1990年代からは外国から機械類も多く輸入するようになっているんだ。相手国の経済発展も影響しているけれど、大事なのは現地生産と**逆輸入**。東南アジアなどの国々に日本が工場をつくり、現地生産する。日本企業が現地で生産したものを日本が逆輸入するという構造が生じた。

　現地生産には、**安く労働力を得られる**というメリットがあるからなんだ。こうした現地生産を続けていくと、日本国内での製造業が廃れてしまう心配がある。現地生産が活発になることで国内の産業が衰退することを**産業構造の空洞化**という。**産業の空洞化**ともいうよ。貿易摩擦、現地生産、

逆輸入、産業の空洞化は一連の流れのなかで理解しておこう。

　ちなみに、2011年から2015年は貿易赤字が続いていたんだ。これは、東日本大震災の影響で、資源の輸入が増加したことがおもな原因だよ。

知っていますか？

> 貿易は自由貿易と保護貿易の２つに分けられる。輸入品を制限したり、輸入品に関税をかけたりして、自国の産業を保護するのが保護貿易。そのような輸入制限や関税などをかけずに貿易をおこなうのが自由貿易。アメリカを中心に、現在では世界的に自由貿易を拡大しようという動きがある。
> 自由貿易をおこなうために各国が結んでいる協定に、NAFTA（北米自由貿易協定）やTPP（環太平洋戦略的経済連携協定）などがある。

　では、続いて日本の主要な貿易相手国を確認していこう。

【日本の主要貿易相手国（2019年）】

（単位　億円）

	1位	2位	3位	4位	5位
輸出相手国	アメリカ合衆国（152,545）	中国（146,819）	韓国（50,438）	タイ（32,906）	ドイツ（22,051）
輸入相手国	中国（184,537）	アメリカ合衆国（86,402）	オーストラリア（49,576）	韓国（32,271）	サウジアラビア（30,158）
貿易相手国	中国（331,357）	アメリカ合衆国（238,947）	韓国（82,709）	オーストラリア（65,374）	タイ（60,557）

※ 『日本国勢図会2020/21』より作成。ただし、台湾や香港は除いて掲載してある。

　上の表のように、現在の**日本の最大の貿易相手国は中国。2位はアメリカ合衆国**だよ。

　上の表を見ると、日本に近い国が多く含まれていることに気がついたかな。当然、輸送費は少ないほうがいいので、近隣の国々との貿易が多くなる。日本では、アジア諸国との貿易が貿易全体の60％程度を占めるんだ。

　近隣諸国との貿易が多くなるというのは日本に限った話ではないので、他国にも応用が利くよ。貿易相手国をヒントにして、どこの国の貿易相手国なのかを考えさせる問題はよく出題される。いくつか具体例を紹介しよう。

【アメリカ合衆国の主要貿易相手国（2017年）】

	1位	2位	3位	4位	5位
輸出 相手国	カナダ	メキシコ	中国	日本	イギリス
輸入 相手国	中国	メキシコ	カナダ	日本	ドイツ

【ドイツの主要貿易相手国（2017年）】

	1位	2位	3位	4位	5位
輸出 相手国	アメリカ 合衆国	フランス	中国	イギリス	オランダ
輸入 相手国	オランダ	中国	フランス	ベルギー	イタリア

【インドネシアの主要貿易相手国（2017年）】

	1位	2位	3位	4位	5位
輸出 相手国	中国	アメリカ 合衆国	日本	インド	シンガポール
輸入 相手国	中国	シンガポール	日本	マレーシア	タイ

【ブラジルの主要貿易相手国（2017年）】

	1位	2位	3位	4位	5位
輸出 相手国	中国	アメリカ 合衆国	アルゼンチン	オランダ	日本
輸入 相手国	中国	アメリカ 合衆国	アルゼンチン	ドイツ	韓国

（『世界国勢図会2019/20』より作成）

　このように、各国の主要な貿易相手国には、近接する国が含まれている
ケースが多いんだ。貿易相手国の上位には、近い国が含まれる可能性が高
いことを踏まえて考えられるようにしようね。

主要な貿易港

日本の主要な貿易港を紹介していくよ。

まずは日本でもっとも貿易額が高い成田国際空港をチェックしよう。

成田国際空港の輸出品目5位は集積回路。輸入品目の4位にも集積回路があるね。年度によって順位の変動はあるけれど、成田国際空港の特徴は、**輸出品目と輸入品目の上位に集積回路がランクイン**していることと、貿易額が最大ということ。関西国際空港も集積回路の輸出入がさかんだけど、輸出入額は成田国際空港が圧倒している状況だよ。

【成田国際空港（2019年）】

	1位	2位	3位	4位	5位
輸出品目 (%)	半導体等製造装置 (8.1%)	科学光学機器 (6.2%)	金（非貨幣用） (5.7%)	電気回路用品 (3.9%)	集積回路 (3.6%)
輸入品目 (%)	通信機 (13.7%)	医薬品 (12.3%)	コンピュータ (8.8%)	集積回路 (8.4%)	科学光学機器 (6.4%)

（『日本国勢図会2020/21』より作成）

続いては名古屋港の貿易品目に注目してみよう。

名古屋港の近くにある工業地帯は何かな？　日本最大の工業地帯の中京工業地帯だよね。もうひとつ確認。中京工業地帯で生産がさかんなものは何だったかな？　中京工業地帯には豊田市があり、自動車の生産がさかんだったね。このことを踏まえて名古屋港の輸出入品目の上位を確認しよう。

【名古屋港（2019年）】

	1位	2位	3位	4位	5位
輸出品目 (%)	自動車 (26.3%)	自動車部品 (16.7%)	内燃機関 (4.3%)	金属加工機械 (3.9%)	電気計測機器 (3.4%)
輸入品目 (%)	液化ガス (8.4%)	石油 (7.8%)	衣類 (7.1%)	絶縁電線・ケーブル (5.1%)	アルミニウム (4.5%)

（『日本国勢図会2020/21』より作成）

中京工業地帯の中心地である愛知県に所在する**名古屋港では、自動車の輸出がさかん**。ほかにも自動車を多く輸出している貿易港はあるけれど、そのなかでもとくに自動車の輸出が多い港が名古屋港だよ。

　次の横浜港を確認してみよう。横浜港も自動車の輸出の多い貿易港で、輸出入品目だけでは名古屋港との区別が難しい。

【横浜港（2019年）】

	1位	2位	3位	4位	5位
輸出品目 （%）	自動車 （19.6%）	自動車部品 （4.5%）	内燃機関 （4.5%）	プラスチック （4.0%）	金属加工機械 （3.2%）
輸入品目 （%）	石油 （12.0%）	液化ガス （4.5%）	アルミニウム （3.5%）	衣類 （3.3%）	有機化合物 （3.0%）

（『日本国勢図会2020/21』より作成）

　輸出入品目では名古屋港との共通点が多くて、区別するのは困難だよね。自動車工業がもっともさかんなのは、豊田市を含む中京工業地帯なので、名古屋港のほうが自動車の輸出がさかんというように考えよう。自動車の輸出額では名古屋港は横浜港の2倍以上もある。工業の特色を照らしながら貿易を考えるのがコツなんだよ。

　次は千葉港をチェック。

　千葉の工業で生産がさかんなものは頭に浮かんでいるかな。千葉県にある工業地域は京葉工業地域。**京葉工業地域では化学工業がさかん**だったね。

　さらに、化学工業がさかんな地域では、同様に石油を必要とする鉄鋼業もさかんになる傾向があったね。京浜工業地帯などにくらべて、新しく成立した京葉工業地域には石油化学工業などの比較的新しい工業の大規模工場が多いんだ。工業の特徴を踏まえて、千葉港の輸出入品目を確認しよう。

【千葉港（2019年）】

	1位	2位	3位	4位	5位
輸出品目 (%)	石油製品 (28.0%)	有機化合物 (17.4%)	鉄鋼 (15.7%)	自動車 (10.2%)	プラスチック (6.9%)
輸入品目 (%)	石油 (53.4%)	液化ガス (17.4%)	自動車 (9.1%)	鉄鋼 (3.7%)	有機化合物 (2.8%)

（『日本国勢図会20120/21』より作成）

表中の輸出品目の1位の石油製品、2位の有機化合物が化学工業に関係するもの。鉄鋼業も生産過程で石油を必要とするため、鉄鋼業もさかんだったね。3位の鉄鋼も工業の特徴どおりということなんだ。

さらに注目に値するのが、輸入額の半分以上を占める石油。化学工業中心の京葉工業地域ならではの特徴だね。

このように、工業の特徴を理解しておくことが主要な貿易港の輸出入品目の特徴の理解に通じるんだ。無理に暗記するのではなく、理由やつながりを理解しながら覚えていこう。では、清水港の輸出品目の上位に入っているものが想像できるか、考えてみよう。浮かばない場合は、工業の復習が必要だよ。

清水港は静岡県にありますよね。静岡県ということは、東海工業地域だから、ピアノとオートバイ、紙の生産がさかんでした！　これが貿易にも影響するんでしょうか。

よく覚えられているね！　清水港がある場所もよく知っていたね。

東海工業地域といえば**浜松市の楽器、オートバイと富士市の製紙、パルプ工業がさかん**だったよね。清水港の輸出品の上位には輸送用機器、つまり二輪自動車が入っていることが想像できるし、実際に上位に入ってるんだ。工業の特徴から貿易を考えるようにすることで、輸出入品目を丸暗記しなくてすむね。

最後に東京港を紹介するよ。

東京港の輸出品目には東京港ならではの特徴があるんだ。東京は、いうまでもなく人口がもっとも多いという特徴がある。日本の人口は約1億2600万人。その10分の1ほどの人口が東京に集中しているんだ。人口が多い東京では、どんなものを輸出入しているのか、チェックしてみよう。

【東京港（2019年）】

	1位	2位	3位	4位	5位
輸出品目 （%）	半導体等製造装置 （6.7%）	自動車部品 （6.5%）	コンピュータ部品（5.4%）	内燃機関 （5.0%）	プラスチック （4.2%）
輸入品目 （%）	衣類 （8.9%）	コンピュータ （5.3%）	肉類 （4.6%）	魚介類 （4.5%）	音響・映像機器 （3.5%）

（『日本国勢図会2020/21』より作成）

東京港の特徴は輸入品目の上位に衣類、魚介類、肉類が入っていることなんだ。東京は人口が多いので、衣類や食料品の消費も多くなる。大消費地東京ならではの特徴といえるよ。

知っていますか？

航空機と船で、輸送品には違いがある。航空機は船にくらべて小さく、また、航空輸送のほうが、費用がかかる。船は航空機にくらべて大きく、海上輸送のほうが、費用が安くてすむ。このことから、**航空機で輸送されるものは「高い・小さい（軽い）」もの、船で輸送されるものは「安い・大きい（重い）」もの**という特徴がある。鮮度が重要な花なども航空機で輸送されることがあるが、「高価・軽量」なものを航空輸送で運ばれるものの特徴として理解しておこう。

テーマ 16　日本の貿易のポイント

● 日本の貿易の特徴

加工貿易……原材料を輸入して、製品を輸出する

貿易摩擦……輸出超過（貿易黒字）の国と輸入超過（貿易赤字）の国の対立

現地生産……海外で現地の人々を雇って生産する。安く労働力を得られる

逆輸入……現地生産したものを輸入する

産業の空洞化……現地生産が活発になることで国内の産業が衰退すること

● おもな貿易港

成田国際空港……貿易額が日本最大。集積回路の輸出入がさかん

名古屋港……中京工業地帯の貿易港。自動車や自動車部品の輸出がさかん

横浜港……京浜工業地帯の貿易港。自動車の輸出がさかん

千葉港……京葉工業地域の貿易港。石油の輸入、石油製品・鉄鋼の輸出がさかん

東京港……衣類、肉類、魚介類の輸入が多い

● 航空輸送のポイント

「高価・小さい」ものを輸送

● 航海輸送のポイント

「安価・大きい」ものを輸送

品目別輸入相手国トップ3

　日本が何をどこから輸入しているか、非常によく出題される。全体を確認しながら、重要な赤字については、テストをくり返して暗記しよう。〝ポイント解説〞も必ずいっしょにチェックしてほしい。重要な説明もあるし、覚えやすくなると思うよ。

輸入品目	1位	2位	3位
原油	サウジアラビア (35.6%)	アラブ首長国連邦 (29.9%)	カタール (8.7%)
鉄鉱石	オーストラリア (51.6%)	ブラジル (28.2%)	カナダ (7.7%)
石炭	オーストラリア (58.8%)	インドネシア (11.9%)	ロシア連邦 (9.9%)
液化天然ガス	オーストラリア (40.4%)	カタール (11.7%)	マレーシア (11.3%)
木材	カナダ (24.0%)	アメリカ合衆国 (17.5%)	ロシア連邦 (14.2%)
銅鉱	チリ (39.0%)	オーストラリア (19.6%)	ペルー (14.3%)
肉類	アメリカ合衆国 (25.8%)	オーストラリア (14.3%)	タイ (14.3%)
魚介類	中国 (18.3%)	チリ (9.6%)	アメリカ合衆国 (8.1%)
小麦	アメリカ合衆国 (45.9%)	カナダ (34.8%)	オーストラリア (17.7%)
とうもろこし	アメリカ合衆国 (69.3%)	ブラジル (28.2%)	アルゼンチン (1.4%)
大豆	アメリカ合衆国 (70.6%)	ブラジル (14.0%)	カナダ (13.7%)
野菜	中国 (48.8%)	アメリカ合衆国 (15.8%)	韓国 (5.8%)
果実	アメリカ合衆国 (19.7%)	フィリピン (19.2%)	中国 (14.5%)
アルコール飲料	フランス (40.1%)	イギリス (12.1%)	アメリカ合衆国 (11.3%)
自動車	ドイツ (43.7%)	イギリス (10.5%)	アメリカ合衆国 (9.4%)

輸入品目	1位	2位	3位
アルミニウム	中国 (17.8%)	オーストラリア (15.0%)	ロシア連邦 (12.7%)
医薬品	ドイツ (16.9%)	アメリカ合衆国 (15.7%)	アイルランド (10.7%)
精密機械	アメリカ合衆国 (21.1%)	中国 (19.0%)	スイス (14.3%)
衣類	中国 (55.9%)	ベトナム (15.1%)	バングラデシュ (4.0%)

※すべて2019年の数値。
(『日本国勢図会2020/21』より作成)

ポイント解説

◆原油の生産量が多い地域はペルシャ湾沿岸に多い。日本も大部分の石油をペルシャ湾沿岸のサウジアラビアやアラブ首長国連邦、カタールから輸入している。

◆サウジアラビアやアラブ首長国連邦、カタールは OPEC（石油輸出国機構）の代表的な国。

◆**石炭の生産量については中国がもっとも多く、**中国で消費されるエネルギー資源は石炭が中心。近年の中国の著しい経済成長で中国は大量の石炭を消費しているので、石炭の輸出は減少傾向。

◆液化天然ガスは環境に比較的優しいクリーンなエネルギーとして注目されている。液化天然ガスの利用は近年増加傾向。

◆カナダやロシア連邦の**タイガ**と呼ばれる針葉樹林の輸入がさかん。

◆フィリピンから多く輸入している果物はバナナ。

◆フランスから多く輸入しているアルコール飲料は、おもにワイン。

◆アルミニウムの輸入先である**オーストラリアはボーキサイト（アルミニウムの原料）の生産量も多い。**

◆ヨーロッパでは医薬品の輸出がさかん。とくにドイツは医薬品の生産がさかん。

◆スイスの精密機械工業では時計が有名。

◆衣類の多くは中国、ベトナムから輸入している。

◆イタリアの衣類は高価なブランド品が多い。

■■ イントロダクション ■■

◆ 発電方法 ➡ 発電方法ごとに特徴をとらえよう。発電所の場所に関する特徴も重要！

◆ 四大公害病 ➡ 単純な暗記は NG。歴史的な背景も重要！

◆ 環境問題への取り組み ➡ 環境問題への日本の取り組みと世界の取り組みを、しっかり整理しよう。

発電方法

　日本の発電において、もっとも多く電力供給しているのは火力発電。おもな発電方法別に発電量の推移をチェックしよう。

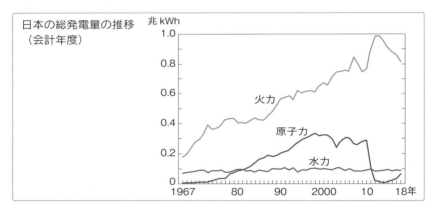

日本の総発電量の推移（会計年度）

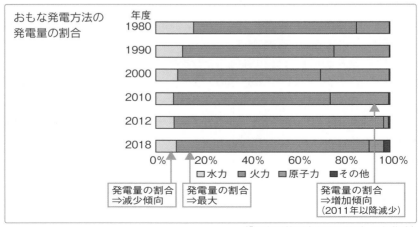

おもな発電方法の発電量の割合

発電量の割合
⇒減少傾向

発電量の割合
⇒最大

発電量の割合
⇒増加傾向
（2011年以降減少）

（『日本国勢図会2020/21』より作成）

続いて、発電方法ごとの特徴をチェックしていこう。

火力発電

　石油や石炭、液化天然ガスを燃やして、水蒸気を発生させてタービンを回すという発電方法。**石油や石炭の輸入が必要なため、沿岸部に火力発電所が集中**するのが重要な特徴なんだ。

　燃料の確保ができれば安定的に電力を供給でき、さらに電力量の調整も可能。**日本の発電量の大半は火力発電によってまかなわれている**ことも覚えておこう。ちなみに、利用される資源に関しては、液化天然ガスの割合が増加しているよ。

水力発電

　河川の水を水力発電所に引き、水流によってタービンを回して電気をつくるのが水力発電。火力発電にくらべて汚染物質の排出は少ないが、水が落下する力を利用するため、上流に建設されることが多く、建設時の環境への影響が大きい。

　上流につくられるため、**水力発電所は内陸に多い**んだ。**水力発電による電力供給の割合は減少傾向にある**ことも覚えておこう。

原子力発電

　ウランを原料として、原子核反応が起きたときのエネルギーを利用して発電する。火力発電と違い大気汚染物質の排出は少ないが、事故や災害時の危険性は高い。**原子力発電所は沿岸部に設置**されている。

　原子力発電による電力供給の割合は2011年の東日本大震災までは増加傾向にあったんだ。

地熱発電 ……再生可能エネルギーのひとつ

　地下の熱を利用して水蒸気を発生させてタービンを回して電気をつくる。地熱発電は自然エネルギーを利用した発電方法のなかでは安定供給が可能という利点がある。

　火山の多い日本では地熱を利用した発電が可能だが、発電量は少ない。地熱の利用可能な地域には、温泉街や国立公園があるために、開発しにくいというのがおもな要因となっている。

　風力を利用した発電方法で、石油や石炭などの資源を使わないため、環境への悪影響は少ない。世界的に風力による発電量は増えているが、風の強い土地にしか風力発電所はつくれず、風が吹かないと発電できないため、電力の安定供給は難しい。

太陽光発電 ……再生可能エネルギーのひとつ

　太陽電池に太陽光を当てて発電するのが太陽光発電。自然エネルギーを利用するので環境に優しく、資源が不足する心配もないのが長所。晴れている昼間に限定されるので、安定的に電力を供給することはできず、発電量は少ない。

> それぞれの特徴はわかったけれど、火力発電所と
> 原子力発電所はどちらも沿岸にありますよね。
> 区別する方法はないんでしょうか?

　うん。水力、火力、原子力、地熱発電所の場所に関する問題はよく出てくるので、ここでまとめておくよ。

　水力発電所は内陸につくられるのが特徴。**火力発電所と原子力発電所は沿岸部**にある。**原子力発電所は福井県の若狭湾沿岸と福島県に集中**していることを覚えておくと区別できるよ。地熱発電がさかんな地域は温泉地として有名なところが多いんだ。大分県の湯布院や別府温泉というのは聞いたことがあるかな。**地熱発電の代表的な地域は大分県**と覚えておくと区別しやすいんだ。

　発電に関して、最後に、世界の発電で特徴的なものをいくつか紹介したい。

　ヨーロッパには環境先進国が多い。世界に先駆けて工業化を達成したぶん、環境問題も早期から生じてしまったんだ。そのぶん、環境問題への取り組みには一日の長があり、環境先進国が多いんだね。フランスの原子力発電やデンマークの風力発電が他国とくらべてさかん。とくに**フランスの原子力発電の割合は70%程度**で、重要な特徴なんだ。水力発電の割合が高い国の代表はブラジル。降水量が多く、水力を利用しやすい。火力発電の割合が高いのは、日本やアメリカ合衆国などの先進国がおもなんだ。

四大公害病

　ここでは、日本で発生した四大公害病を紹介していくよ。

　四大公害病に関しては公害病と発生した地域、原因物質を把握して、区別できるようにしておく必要がある。次の表をチェックしてみよう。

公害病	発生地域		原因物質
四日市ぜんそく	三重県	四日市市	二酸化硫黄（亜硫酸ガス）
水俣病	熊本県	八代海沿岸	有機水銀
イタイイタイ病	富山県	神通川流域	カドミウム
新潟（第二）水俣病	新潟県	阿賀野川流域	有機水銀

　続いて、四大公害病が発生した時期を確認しておこう。

　日本では、高度経済成長期に多くの公害が発生した。**高度経済成長期とは、1955年から1973年のことで、日本の経済が著しく成長した時期**なんだ。

　1955年から1973年にかけて、日本経済が飛躍的に成長を遂げたことを高度経済成長という。1964年には東京オリンピックが開催されるとともに、日本初の新幹線である東海道新幹線が開通するなど、大きく日本経済が発達。第四次中東戦争の影響で起こった石油危機の影響で、高度経済成長は終了した。それ以降は低成長時代といって、経済成長率が低い時代に入っていくよ。

　日本の経済が大きく発展したさいに、公害も起こってしまったんだ。

　四大公害病の発生を受けて、1967年に公害対策基本法が制定され、公害とは何かが定められたんだ。公害として規定されたのは大気汚染、水質汚濁、土壌汚染、騒音、振動、悪臭、地盤沈下の7種類。1993年に環境基本法が制定されたことで、公害対策基本法は失効しているけれど、公害を規定した法律として重要なものなんだ。

　最後に、現在苦情件数の多い公害を紹介しよう。

　1位は騒音で2位は大気汚染、3位は悪臭。近年発生する公害に関しては、騒音・大気汚染が深刻な問題になっているんだ。

環境問題への取り組み

まずは日本における環境問題への取り組みに着目して紹介していくよ。

前項で紹介したように、多くの公害は高度経済成長期に発生したんだったね。**高度経済成長期とは1955年から1973年にかけて日本の経済が著しく成長した時期**のことをいう。まだ覚えていない人は、忘れないようにね。

四大公害病の発生後、1967年に公害対策基本法を制定し、公害を規定するとともに、公害への対策を定めたんだ。近年では、世界をまたいで影響が出るような世界規模の環境問題が生じているため、公害対策基本法は失効となり、1993年に環境基本法が制定されたんだ。

日本でおもに環境問題に取り組んでいる役所は環境省。この環境省は2001年に環境庁から格上げされた比較的新しい省庁なんだ。ちなみに環境庁は1971年につくられたものだよ。国際社会でも環境に関する問題が重視されるようになり、日本も環境問題への取り組みを強化する目的で環境省が成立したんだ。

国際的な環境問題への対策を勉強する前に、おもな環境問題を確認しておこう。

まずは砂漠化について。過放牧や焼畑農業が砂漠化のおもな原因と考えられているんだ。過放牧とは、家畜の数が多すぎるために牧草が食い尽くされてしまうような放牧のこと。草地がなくなることで砂漠化が進んでしまうんだ。

焼畑農業とは、草地を焼いて畑をつくり、灰を肥料とする農法のことだよ。森林の再生力を超えて、焼畑農業をおこなうと、**砂漠化の原因になっ**

少し くわしく 📖 「日本初の公害」とは？

工業が発達すると、環境問題や公害が起こりやすくなる。明治時代に日本の産業が発達したさいも、公害が発生した。日本では1894年に起こった日清戦争のころに軽工業が発達し、1904年の日露戦争のころに重工業が発達。

足尾銅山鉱毒事件は産業が発達した19世紀末に、栃木県で起こった、初の公害といわれる事件。田中正造が天皇に直訴しようとしたことなど、解決に向けて力を注いだことも有名。

てしまうんだ。とくに、世界最大の砂漠である**サハラ砂漠**はさらに砂漠化が進行していて、南側に広がっているんだ。このような地域を**サヘル**という。おもな場所と原因と環境問題をセットで理解しておこう。

　森林伐採というのも深刻な環境破壊のひとつだね。とくに熱帯林の伐採が問題となっているんだ。なかでも**ブラジルやインドネシア、オーストラリアの森林の減少率が高くなっている**よ。日本などの先進国への木材輸出や資源の開発などを理由に森林の伐採が進んでいるんだ。

　オゾン層の破壊というのは知っているかな。原因物質は**フロンガス**。フロンガスの影響でオゾン層が破壊され、**南極の上空にはオゾンホール**ができてしまった。オゾン層が破壊されると太陽光に含まれる紫外線が直接注がれることになってしまい、皮膚がんになってしまうなど、生物に悪影響が出るんだ。

[酸性雨によって枯れた森林（ドイツ）]

　続いて、**酸性雨**に関して説明するよ。酸性雨は排気ガスや工場から排出される煙などが雨に溶けて、酸性の雨が降るというもの。酸性雨からはさまざまな被害がでる。歴史的な建造物が溶ける、森林が枯れる、湖に酸性雨が降ることで水質が変わってしまうといった害がある。

　18世紀後半にイギリスが世界に先駆けて産業革命に成功し、工業化を遂げたことで、ヨーロッパはほかの地域にくらべて早くに工業化した。早くに工業化した**ヨーロッパでは酸性雨が深刻な問題**になった。大気汚染は偏西風や季節風の影響で国境を越えるため、ヨーロッパ全体に広がっているんだ。現在では中国が大きく経済成長していて、**中国の大気汚染**も問題視されているよ。

　酸性雨と同じく大気汚染が原因だといわれているのが**地球温暖化**。**石炭や石油、天然ガスなどの化石燃料**を大量に燃やすことで、温室効果のある二酸化炭素が発生してしまった。これが地球温暖化のおもな原因と考えられているんだ。地球温暖化によって海水面が上昇し、水没のおそれのある国があるほか、異常気象も起こっており、さまざまな影響があると考えられている。

いろいろな環境問題が起こっているんですね。
それに地球規模で解決に取り組むなんて難しそうです。

うん。地球規模での環境問題の解決は大変だよね。国際的な環境問題への取り組みをいくつか紹介しよう。紹介したい国際的な環境会議は3つ。

1つ目は、**1972年にスウェーデンのストックホルムで開かれた、国連人間環境会議**。これは、環境問題に対する初の国際会議なんだ。「かけがえのない地球」のために環境計画が採択されたんだ。

2つ目は、1992年に**ブラジルのリオデジャネイロで開かれた地球サミット**。「持続可能な開発」という理念に基づいて、気候変動枠組み条約などの調印がおこなわれた。

3つ目は、1997年に京都で開かれた地球温暖化防止京都会議。この会議では京都議定書が採択されたんだ。国ごとに二酸化炭素排出量の削減目標を決めたのが京都議定書の大きな特徴なんだ。

環境保護にもつながる活動として世界遺産条約がある。

ユネスコ（UNESCO／国連教育科学文化機関）が世界遺産を決定していて、認定された場合には、その世界遺産をもつ国が保全に努めるというものなんだ。日本にも多くの世界遺産があるよ。白神山地や知床、屋久島などの自然が評価された「自然遺産」、法隆寺や厳島神社、富岡製糸場のような日本の歴史や文化が評価された「文化遺産」があるんだ。世界遺産

少し くわしく

京都議定書の課題

先進国と発展途上国の意見の対立から、アメリカ合衆国は京都議定書に参加しなかった。先進国に含まれなかったことで中国、インドも二酸化炭素の削減は義務づけられなかった。当時、二酸化炭素の排出量がもっとも多かったのはアメリカ合衆国（現在は中国がもっとも多い）。世界的に二酸化炭素の排出量が多いアメリカ合衆国、中国、インドが参加しないことで、京都議定書の効果が薄まってしまった。

先進国は地球全体で環境問題に取り組むことを主張、発展途上国は現在の環境問題の責任は先進国にあるという立場で、先進国が取り組むべきと主張。発展途上国にとっては環境問題以上に食糧問題などが深刻というケースもあり、難しい問題となっている。

に関しては入試によく出題されるので、次ページからの「地図でまとめよう　日本の世界遺産」でしっかり把握しよう。

　ラムサール条約は、水鳥の生息地保全のために、湿地の保護を目的とした条約なんだ。北海道の釧路湿原が日本で最初に登録され、現在では千葉県の谷津干潟や愛知県の藤前干潟など多くの湖や湿地が登録されているよ。

テーマ17　日本のエネルギーと環境問題のポイント

● 発電方法

発電方法	発電量の割合	発電所の場所
火力発電	最大	沿岸部（石油・石炭・天然ガスを輸入するため）
水力発電	減少傾向 （発電量の変化は少ない）	内陸部
原子力発電	2011年まで増加傾向 （2011年より急激に減少）	沿岸部（福島県、福井県に集中）

● 四大公害病

高度経済成長期（1955〜1973年）に日本の公害は集中する

公害病	発生地域	原因物質
四日市ぜんそく	三重県　四日市市	二酸化硫黄（亜硫酸ガス）
水俣病	熊本県　八代海沿岸	有機水銀
イタイイタイ病	富山県　神通川流域	カドミウム
新潟（第二）水俣病	新潟県　阿賀野川流域	有機水銀

● 環境問題への取り組み

|日本|　公害対策基本法（1967年）➡環境基本法（1993年）
　　　環境庁の設置（1971年）➡環境省へ格上げ（2001年）

|世界|

● 1972年　国連人間環境会議　スウェーデン ストックホルムにて
● 1992年　地球サミット　ブラジル リオデジャネイロにて
● 1997年　地球温暖化防止京都会議　京都議定書を採択

日本の世界遺産①

　ユネスコ（UNESCO／国連教育科学文化機関）が認定する世界遺産。世界遺産に関しては、世界遺産とその所在地を把握することが肝心。文化遺産に関しては歴史の問題にも出てくることが多いので、歴史のポイントもいっしょにまとめておくよ。しっかり確認していこう！

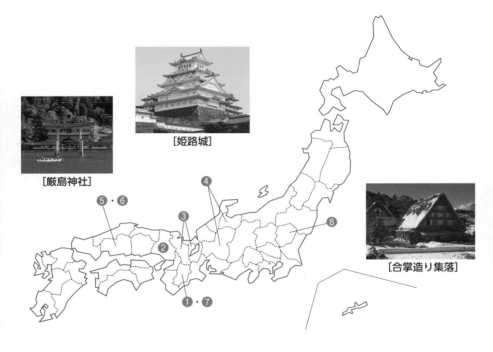

[姫路城]

[厳島神社]

[合掌造り集落]

■世界文化遺産
❶法隆寺地域の仏教建造物 [奈良県]
　法隆寺は**現存する世界最古の木造建築**として有名。

> 法隆寺を建立した聖徳太子は、初の女帝である推古天皇の摂政として飛鳥時代に政治をおこなった人物。冠位十二階の制や憲法十七条を定め、小野妹子を遣隋使として派遣し、対等外交を主張した。

❷姫路城 [兵庫県]
　「**白鷺城**」と称される姫路城は、白く美しいのが特徴。

❸古都京都の文化財 [京都府・滋賀県]
京都を中心とする地域の複数の寺社が世界遺産に登録されている。平等院や金閣、銀閣のほかにも延暦寺などが登録されている。

> 延暦寺は平安時代に天台宗を広めた最澄が建てた寺院。平等院は藤原頼通が建立した浄土教の寺院で、10円玉に描かれている。ほかにも足利義満が建立した金閣、足利義政が建立した銀閣が世界遺産に登録されている。

❹白川郷・五箇山の合掌造り集落 [岐阜県・富山県]
雪が多い地域のため、急勾配の屋根にして雪が積もらないようにしている。特徴的な伝統集落であることから世界遺産に登録された。

❺原爆ドーム [広島県]
原爆ドームと呼ばれる広島平和記念碑は、広島に投下された原子爆弾の惨禍を伝えている。「負の世界遺産」と呼ばれるもののひとつ。

> 1941年に、日本が真珠湾攻撃をおこなったことで太平洋戦争が起こった。1945年には東京大空襲や沖縄上陸というように、日本に多くの被害が出た。1945年8月6日に広島に、8月9日には長崎に原爆が投下された。その後、日本はポツダム宣言を受け入れて、8月15日に終戦を国民に伝えた。

❻厳島神社 [広島県]
日本三景に含まれる宮島にある厳島神社は平清盛が保護したもので、平安時代の代表的な建造物。

> 武士で初めて太政大臣に就任した平清盛は、日宋貿易に力を入れ、現在の神戸にある大輪田泊という港を修築した。宋銭などを輸入し、刀剣などを輸出した。

❼古都奈良の文化財 [奈良県]
奈良時代の都である平城京の様子を確認できることなどを理由に東大寺や唐招提寺、薬師寺などの寺院が古都奈良の文化財として世界遺産に登録されている。

> 仏の力で国を治めようとする鎮護国家思想を持った聖武天皇は、東大寺に大仏を建立するように命じた（743年）。また唐の高僧である鑑真を呼び寄せ、日本の仏教を高めた。鑑真が活躍した寺院が唐招提寺である。

❽日光の社寺 [栃木県]
日光東照宮を代表とする建造物が世界遺産に登録されている。

> 日光東照宮にまつられている徳川家康は江戸幕府を開いた人物。1600年の関ヶ原の戦いに勝利し、1603年に江戸幕府を開く。260年続く江戸幕府の基礎をつくった。

日本の世界遺産②

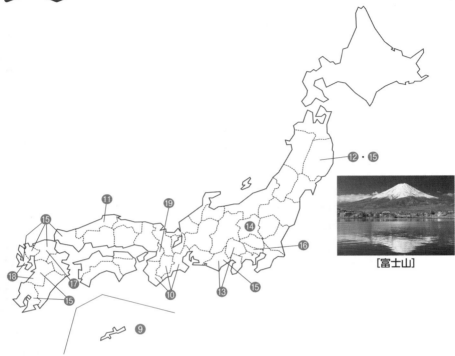

[富士山]

⑨ 琉球王国のグスク及び関連遺産群［沖縄県］

グスクと呼ばれる琉球王国の城など、複数の遺跡群が世界遺産に登録されている。

> 琉球は南山、中山、北山の3つに分かれていたが、1429年尚巴志が三山を統一して琉球王国が成立する。琉球王国は中継貿易で栄えた。江戸時代には薩摩藩の支配下で交易をおこなった。

⑩ 紀伊山地の霊場と参詣道［和歌山県・奈良県・三重県］

高野山、熊野三山などの霊場と参詣道が世界遺産に登録されている。

> 高野山には空海が活躍した金剛峯寺がある。空海は平安時代の初期に唐から帰国し、真言宗を広めた。書道の達人としても知られる空海の別名は弘法大師。「弘法にも筆の誤り」「弘法筆を選ばず」のことわざにもなっている。

⑪ 石見銀山遺跡とその文化的景観［島根県］

戦国時代から江戸時代にかけて最盛期を迎えた銀山である石見銀山は、文化的な背景も評価されて世界遺産に登録された。

⑫平泉−仏国土（浄土）を表す建築・庭園及び考古学的遺跡群 ［岩手県］

岩手県の平泉には平安時代に奥州藤原氏が栄えた歴史があり、そのころの遺跡群の
なかから中尊寺などが世界遺産に登録された。

> 前九年合戦、後三年合戦を経て、奥州藤原氏が成立。源義家が前九年合戦、後三年
> 合戦で活躍したため、源氏の東国での影響力が増した。奥州藤原氏の栄華を中尊寺
> 金色堂がよく表している。

⑬富士山−信仰の対象と芸術の源泉 ［静岡県・山梨県］

日本古来の富士信仰と富士山が多くの芸術の題材になっている文化的な要素が評価
されている。

⑭富岡製糸場と絹産業遺産群 ［群馬県］

富岡製糸場を含めた製糸業にかかわる遺産が世界遺産に登録された。

> 明治初期に殖産興業をスローガンに掲げた明治政府は官営模範工場を建設した。官
> 営工場の代表例が群馬県富岡製糸場。

⑮明治日本の産業革命遺産　製鉄・製鋼、造船、石炭産業 ［山口・福岡・佐賀・長崎・
熊本・鹿児島・岩手・静岡県］

江戸時代の後期から明治時代にかけて産業革命に成功し、急速に発達した製鉄、造船、
石炭産業に関する文化遺産。

> 八幡製鉄所は1901年に操業を開始。八幡製鉄所は日清戦争の講和条約である下関条
> 約によって日本が得た多額の賠償金で建設された。これにより日露戦争のころ（1904
> 年）に重工業が発達。北九州工業地帯の拠点となる。

⑯ル・コルビュジェの建築作品 ［東京都］

東京の国立西洋美術館がフランス、スイス、ベルギー、ドイツ、アルゼンチン、イ
ンドにある17の資産とともに世界遺産に登録された。大陸をまたいで世界遺産に
登録されるのは初めてのこと。

⑰「神宿る島」宗像・沖ノ島と関連遺産群 ［福岡県］

沖ノ島は、4世紀後半から9世紀末にかけて、外国との交流の成功と航海の安全を
祈る祭祀が行われた島。現在まで信仰を受け継いでいることも評価された。

⑱長崎と天草地方の潜伏キリシタン関連遺跡 ［長崎・熊本］

江戸幕府がキリスト教を禁じた17世紀から19世紀にかけて伝統的な信仰に見せ
かけるなど、密かにキリスト教信仰を守り続けた「潜伏キリシタン」が育んだ独特
の文化的伝統を示す遺跡。1637年に起こった島原・天草一揆の舞台となった城跡
などが含まれている。

⑲百舌鳥・古市古墳群 ［大阪］

古墳時代の最盛期である4世紀後半から5世紀後半にかけて、当時の政治・文化の
中心地のひとつであった大阪湾に接する平野につくられた。小規模な墳墓から巨大
な前方後円墳まで様々な古墳がある。巨大な古墳は権力の大きさを象徴している。

日本の世界遺産③

[屋久すぎ]

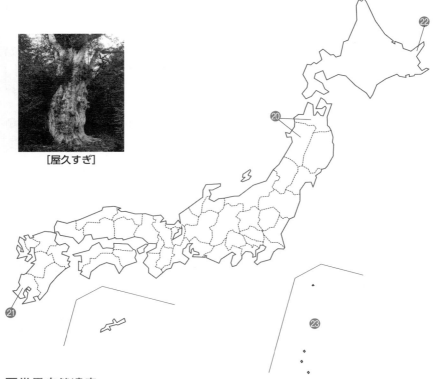

■世界自然遺産

⑳白神山地[青森県・秋田県]

人の手がほとんど入っていない、**ぶなの原生林**が世界最大規模で残されていることから世界遺産に登録。屋久島と並んで、日本で最初の自然遺産に登録された。

㉑屋久島[鹿児島県]

屋久島には樹齢数千年の**屋久すぎ**をはじめとして、特殊な自然環境が残されている。白神山地と並んで、日本で最初の自然遺産に登録された。

㉒知床[北海道]

流氷がもたらす豊かな海洋の生態系と、原生林などからなる陸上の生態系が存在する特異な環境となっている。絶滅危惧種も生息している。

㉓小笠原諸島[東京都]

小笠原諸島は大陸と陸続きになったことがなく、特異な生態系が残されている。日本で4番目の自然遺産に登録された。

第2部

日本地理

第4章

日本の諸地域

日本の諸地域

テーマ
⑱ 九州地方

━━■ イントロダクション ■━━

◆ 九州地方の地形 ➡ 九州は火山が多く、多くの影響を与えているので要チェック！

◆ 九州地方の産業 ➡ 特徴的な農業はとくに重要。北九州工業地帯の成立から現状までを理解しよう。

◆ 九州地方の文化・生活 ➡ 環境問題と対策に注目！

九州地方の地形

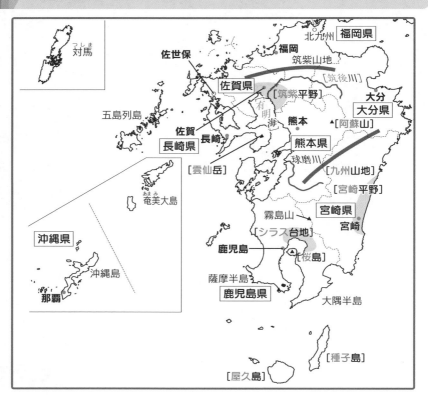

九州地方は日本のなかでも火山の多い地域。熊本県の阿蘇山は**世界最大級のカルデラ**をもつことで有名。**カルデラ**とは、山の噴火で溶岩や火山灰がふき出すことによって生じるくぼ地のこと。雲仙岳や桜島など火山活動の活発なものが多い。桜島はもともとは島だったけれど、噴火によって大隅半島とくっついたんだ。

鹿児島県と宮崎県の南部には火山灰が積もってできた**シラス台地**がある。火山の多い九州地方では、**地熱発電**が比較的さかん。代表的なのは有名な温泉があることでも知られる大分県。九州地方の自然環境として、火山は外せない重要な要素なんだ。

九州の北部には**筑紫山地**があり、筑紫山地の南には**筑後川**が流れ、その流域には**筑紫平野**が広がる。筑紫平野は九州最大の平野なんだ。熊本県と宮崎県の県境のあたりには**九州山地**が連なっているよ。九州山地の西には日本三大急流のひとつである**球磨川**が流れている。日本三大急流は、静岡を流れる富士川・山形を流れる最上川・熊本を流れる球磨川の3つ。

鹿児島県に属する**屋久島**は世界自然遺産に登録されている。樹齢1000年を超える屋久すぎなど、特異な自然が評価されたんだ。**種子島**は1543年に鉄砲が伝わった場所。現在は宇宙センターがあることでも有名だね。

九州地方の産業

九州地方の農業からチェックしていこう。

九州地方の農業のうち、まず注目したいのが**宮崎平野**でさかんにおこなわれている**促成栽培**。**温暖な気候をいかした「早づくり」**がおこなわれているんだ。

温暖な気候といっても、ビニールハウスや温室を利用して栽培する。温暖な気候のため、コストはおさえられ、時期を早めてつくることで高い値段で売ることが可能になるんだ。**宮崎県ではきゅうりやピーマンの生産量が多い**。九州地方で**稲作がさかんな地域は筑紫平野**などの北部の地域なんだ。九州の稲作の特徴は温暖な気候をいかした**二毛作**。二毛作とは米の裏作に小麦などの別の作物を栽培することをいうよ。

小麦の生産に関しては北海道が群を抜いて1位だけれど、福岡県は北海道に次いで2番目に小麦の生産量が多いんだ。九州北部の稲作の特徴として二毛作は重要だよ。

また、北九州の稲作地帯のうち、傾斜地には棚田（たなだ）がつくられているよ。日本の地形の4分の3は山地なので、棚田は日本各地に見られるんだ。ちなみに、**筑紫平野（つくしへいや）にはクリークと呼ばれる水路が多く利用されていた**ことも把握しておこう。

鹿児島県の農業にも注目したい。鹿児島の農業の特徴を理解するさいに重要なのは**シラス台地**。

シラス台地っていうのは、
火山灰が積もってできた地形ですよね。

そうだね。シラス台地は火山灰が積もってできた地形なので、水はけがよくて稲作などには適していない。乾燥した土地でもつくれる農作物の栽培がさかんになるんだ。

シラス台地の広がる鹿児島県では、**さつまいも、茶、たばこ**の生産がさかんなんだ。ほかには牧草もつくれるため、畜産がさかん。肉牛は北海道に次いで2位のことが多く、豚や肉用若鶏の飼育数では1位のことが多い。

牛は北海道がトップをキープしている状態だけれど、**豚は鹿児島県、肉用若鶏は宮崎県がトップ**なんだ。実際に、2019年の家畜の飼育頭数の割合を示したデータを確認してみよう。

2019年	1位	2位	3位	4位	5位
肉用牛	北海道 (20.5%)	鹿児島県 (13.5%)	宮崎県 (10.0%)	熊本県 (5.0%)	岩手県 (3.5%)
豚	鹿児島県 (13.9%)	宮崎県 (9.1%)	北海道 (7.6%)	群馬県 (6.9%)	千葉県 (6.6%)
肉用若鶏	宮崎県 (20.4%)	鹿児島県 (20.2%)	岩手県 (15.7%)	青森県 (5.0%)	北海道 (3.6%)
採卵鶏	茨城県 (8.3%)	千葉県 (6.8%)	鹿児島県 (6.4%)	岡山県 (5.7%)	広島県 (5.1%)

（『日本国勢図会2020/21』より作成）

熊本県では、トマトやメロン、すいか、いちご、なす、みかんの生産がさかんで全国でも有数の生産量となっているよ。畳の原料である**いぐさ**

に関しては、全国の90％以上が熊本でつくられているんだ。

　最後に、沖縄県の農業にも注目しよう。沖縄県では、観光業が産業の中心となっているため、第3次産業の割合が高いという特徴がある。第1次産業である農業はさかんとはいえないけれど、気候に合った農作物を栽培しているよ。**さとうきびやパイナップル、マンゴー、バナナの生産量が多い**。さとうきびは沖縄県と鹿児島県でつくられているよ。沖縄県では菊などの花の栽培もさかんなんだ。

　続いては九州地方の水産業に注目していこう。

　長崎、佐賀、福岡、熊本の4つの県に面する有明海（ありあけかい）は、のりの養殖がさかんなことで有名。長崎県は真珠の養殖がさかん。真珠の産地としては、**愛媛・長崎・三重**の3つの県が重要だよ。いずれも**リアス海岸**になっている地域なんだ。長崎県はリアス海岸であることや島が多いことから、海岸線の長さは北海道に次いで2番目に長い。

　九州地方の工業に話を移そう。明治時代、北九州に**八幡製鉄所**（やはたせいてつしょ）がつくられた。福岡県には**筑豊炭田**（ちくほうたんでん）**があり、石炭が利用しやすかった**。また、鉄鋼業に必要な鉄鉱石に関しては中国から輸入しやすい立地のため、八幡製鉄所がつくられたんだ。

　八幡製鉄所がつくられたことにより、工業が発展し、**北九州工業地帯**（きたきゅうしゅうこうぎょうちたい）が成立した。北九州市では鉄鋼業が、長崎、佐世保では造船業がさかんだよ。

　1960年代以降、おもなエネルギー源が石炭から石油にかわる**エネルギー革命**（かくめい）が起こった。これにより、筑豊炭田などの北九州工業地帯周辺の炭鉱は閉鎖され、石炭を利用しやすいことで発達した北九州工業地帯の地位は低下していったんだ。

　また、現在では鉄鋼業は中国などにおされて、輸入が増加していて、北九州工業地帯の出荷額は低迷中。出荷額全体が少なくなっている北九州工業地帯では、製造品出荷額の工業別の割合では、食料品工業の割合が高い。食料品工業は他の工業地帯と出荷額に差がでにくい。全体の出荷額が少ない北九州工業地帯では、食料品工業の割合が高くなるんだ。

　エネルギー革命以降、九州各地では**集積回路**（しゅうせきかいろ）（**IC**）の工場の誘致が進められた。太平洋ベルト地帯とは異なり、九州地方には工場用地が豊富だったこともあり、集積回路の工場がつくられるようになった。現在では、

空港などの交通網が整備されたことで集積回路の工場が多くなり、**シリコンアイランド**と呼ばれるまでに成長したんだ。

知って
いますか？

シリコンとは半導体をつくるときの原料となるもの。「シリコン〜」と呼ばれる地域をまとめておこう。
- **シリコンバレー**……アメリカ合衆国。サンフランシスコなどの南西部でIC産業が発達
- **シリコンアイランド**……九州地方。空港が整備されたことでIC産業が発達
- **シリコンロード**……東北地方。高速道路が整備されたことでIC産業が発達

九州地方の文化・生活

　九州地方の日本海側には対馬（つしま）海流（かいりゅう）が流れ、太平洋側には日本海流（にほんかいりゅう）（黒潮（くろしお））が流れていることは
覚えているかな？

まちがえないよう注意
馬○ 島✕

　どちらも暖流（だんりゅう）で、九州地方は比較的温暖な気候なんだ。台風の通り道になりやすく、**梅雨（つゆ）から夏の間は降水量が多くなりやすい**。台風による災害が多い地域でもあるんだ。南西諸島（なんせいしょとう）は一年を通じて温暖な気候なのは知っているよね。具体的には、**平均気温が20度以上の月が8か月ほど**あるのが特徴。雨温図を読み取るときにはチェックしてみよう。ちなみに東京で平均気温が20度を超える月は4か月程度となっているよ。

続いて、九州地方の環境問題に注目しよう。熊本県の八代海沿岸では、高度経済成長期に、有機水銀を原因とする水質汚濁によって水俣病が発生したんだ。水俣病は四大公害病のひとつとされているよ。

　水俣病の発生後、住民たちが積極的に分別やリサイクル活動を推進し、2008年には水俣市は環境モデル都市に選定された。現在、九州地方で起こっている環境問題も紹介するよ。九州地方は火山が多いために、水はけのよい火山灰が積もった土地が多く、集中豪雨による土砂くずれなど、**台風や梅雨による被害が大きい**。砂防ダムを建設したり、地下の貯水施設をつくったりするなど、対策をおこなっているよ。

　沖縄でも台風の被害が多いため、沖縄の住居にはいくつもの台風対策が見られる。**屋根の高さは低めになっていて、瓦屋根の場合にはしっくいで固めている**こと。これは台風のさいに瓦が飛び散るのを防ぐ工夫なんだ。また、**家の周囲には石垣を設けていて防風対策**をしている。石垣は日光を遮る暑さ対策にもなっているよ。

少し くわしく 北九州市の環境産業

　高度経済成長期にあたる1960年代に、北九州では工業が発達したが、それにともない大気汚染や水質汚濁が深刻な問題となった。これにより、北九州市では1960年代以降に環境問題に対する取り組みを進め、現在ではエコタウンが形成されていて、環境産業がさかん。エコタウンとはペットボトルやパソコン、自動車などのリサイクル工場を集めた地域のことを指す。エコタウンは「持続可能な社会」に向けた取り組みといえる。

九州地方の都市部では自動車やエアコンから出る熱の影響で、都市の気温が上昇する**ヒートアイランド現象**が発生している。これに対し、福岡市では屋上に植物を植えるなどの緑化運動を推進しているんだ。

　沖縄県には、暖かくてきれいな海で発達する**さんご礁**が広がっているというのは、聞いたことがあるかな？　沖縄の開発がすすみ、土壌が海に流れ出し、さんご礁に被害が出ているんだ。さんご礁は観光業のさかんな沖縄にとって重要な資源でもある。**環境保全**に向けて、土壌の流出を防ぐさまざまな取り組みがおこなわれているよ。

　最後に九州地方の人口などを確認していこう。

　九州地方でもっとも人口が多い県は福岡県。100万都市である福岡市と、以前は100万都市だった北九州市があり、人口が多い。また、福岡県は人口が増加傾向にある。沖縄県も近年、人口増加率がプラスになっている県なんだ。

　沖縄は観光でも非常に人気のある地域となっているけれど、米軍基地が集中していて、社会的な課題を抱えているんだ。そもそも**沖縄は1972年に返還**された。このときの首相は佐藤栄作。日本人で唯一ノーベル平和賞を受賞した人だね。返還後も**沖縄には米軍基地が集中**している。日本にある米軍基地の約70％が沖縄にあり、沖縄県（本島）の面積の約15％を米軍基地が占めているんだ。

テーマ18　九州地方のポイント

● 九州地方の産業

県名	産業のポイント
福岡県	九州地方の稲作地帯である筑紫平野が広がる。二毛作により小麦生産もさかん。明治時代に八幡製鉄所がつくられ、北九州工業地帯が成立。北九州市では鉄鋼業がさかん。エネルギー革命により北九州工業地帯の出荷額の割合は減少。現在は集積回路（IC）などの生産がさかんで、シリコンアイランドといわれる
佐賀県	九州地方の稲作地帯である筑紫平野が広がる。有明海ではのりの養殖がさかん
長崎県	真珠の養殖がさかん。リアス海岸が広がる
大分県	地熱発電がさかん。温泉地としても有名
熊本県	いぐさの生産量が日本一
宮崎県	促成栽培がさかん。きゅうり、ピーマンの生産量は全国有数。畜産（とくに豚・肉用若鶏）がさかん
鹿児島県	シラス台地が広がる。さつまいも、茶などの生産がさかん。畜産（とくに豚・肉用若鶏）がさかん
沖縄県	さとうきび、パイナップル、バナナ、マンゴーの生産量日本一。花の出荷もさかん

● 九州地方の文化・生活

気候

九州地方……梅雨から夏にかけての降水量が非常に多い

南西諸島……高温多雨な地域で、平均気温が20度を超える月が8か月ほど

環境問題

● 高度経済成長期に水俣病が発生
　➡現在、水俣市は環境モデル都市に選定

● 都心部のヒートアイランド現象　➡緑化運動を推進

● 火山性の気質、気候の影響で土砂くずれが多発
　➡砂防ダム、地下貯水施設などの整備

● 沖縄の開発によるさんご礁への被害
　➡土壌の流出を防ぐ環境保全の取り組みを進める

■■ イントロダクション ■■

◆ 中国・四国地方の地形 ➡ 気候に影響を与える２つの山地はとくに重要。

◆ 中国・四国地方の産業 ➡ 促成栽培などの特徴的な農業はとくに重要。瀬戸内工業地域の成立から現在の特徴もしっかり理解しよう。

◆ 中国・四国地方の文化・生活 ➡ 人口に関する問題に注目。本州四国連絡橋も要チェック！

中国・四国地方の地形

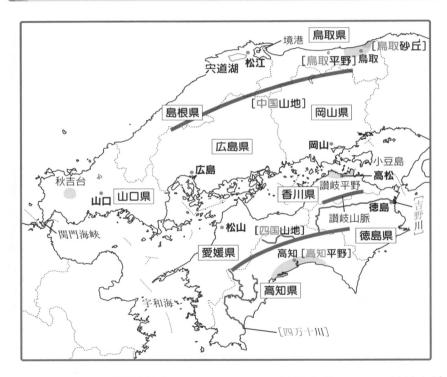

　なだらかに続く中国山地を境にして北側を山陰地方、南側を山陽地方というよ。東海道・山陽新幹線のルートに含まれているのが、山陽地方だよね。どちらか混乱したら山陽新幹線を思い出そう。

　四国地方の中央部には高くて険しい四国山地が東西に伸びている。四

国山地の北側を北四国、南側を南四国というよ。四国山地の北東に位置するのが讃岐山脈と讃岐平野。讃岐平野は瀬戸内海沿岸のなかでもとくに降水量が少なく、大きな河川もないことから昔から水不足に悩まされてきた歴史をもつ。そのため、**香川県はため池の数が多いことで有名**。

日本最大のため池は、満濃池といって香川県にあるんだ。ちなみにため池の数がもっとも多いのは兵庫県だけれど、香川県のため池がよく出題されているよ。

四国地方で最長の河川である四万十川は清流としても有名。四万十川に次いで長いのが吉野川。水不足の深刻だった香川県に吉野川から水を引いたんだ。この水路を香川用水というよ。

山口県にある**秋吉台は石灰岩でできた台地で、カルスト地形**として知られているよ。カルスト地形とは、岩石が雨水や地下水に侵食されることによってできる特殊な地形のこと。石灰岩のように水に溶けやすい岩石でできた土地はカルスト地形になりやすいんだ。

中国・四国地方の産業

中国・四国地方の地形に続いて、産業に関して勉強していこう。まずは農業から紹介していくよ。高知平野では、ビニールハウスを利用して他の地域よりも早い時期に出荷する促成栽培がさかん。ほかの地域よりも早くに出荷することで高い値段で売ることが可能になるという利点があるんだ。高知県は温暖な気候のため、ビニールハウスを利用した施設園芸農業でもコストが少なくてすむんだ。**なすとピーマンが高知県で多く生産されている**よ。

	1位	2位	3位	4位
なす	高知県	熊本県	群馬県	福岡県
ピーマン	茨城県	宮崎県	高知県	鹿児島県

（『日本国勢図会2020/21』より作成）

鳥取には鳥取砂丘が広がっている。鳥取砂丘は水はけがよく、農業にはあまり適していないけど、スプリンクラーを利用して、らっきょうやメ

ロンなどを栽培しているよ。ほかに、小豆島という香川県の島ではオリーブの生産が有名。

　果樹栽培に関しては瀬戸内海沿岸で生産がさかん。果樹栽培には日照時間が長く、降水量が少なめという気候が適しているんだ。

　後述するけれど、瀬戸内海沿岸は、気温は温暖で、年間を通じて降水量が少なめなんだ。たとえば、**愛媛県ではみかんの生産がさかん**で、近年は和歌山県に次いで3番目の収穫量となることが多い。また、岡山県ではももとぶどうの生産がさかん。どちらも全国で5番目くらいの生産量となっているよ。鳥取県では日本なしの生産量が多い。**千葉、茨城、鳥取、福島県で日本なしの生産がさかん**。徳島県はすだちの生産がさかん。国産のすだちのほとんどが徳島産だよ。

　次に、中国・四国地方の水産業に着目するよ。瀬戸内海は波が少ないことから、養殖がしやすく、養殖漁業が発展しているんだ。**広島のかき**は非常に有名。

　愛媛の宇和海沿岸は**リアス海岸**で、真珠の養殖がさかん。**長崎・愛媛・三重で真珠の生産量が多い**。鳥取県の**境港**は日本海側の漁港のなかで有数の漁獲量をほこる。島根県の**宍道湖ではしじみの養殖がさかん**。宍道湖は読み方に注意しよう！

　天候に恵まれやすいことなどを背景に、瀬戸内海沿岸には塩田が多く、塩の生産がさかんだった。現在、塩は工場で生産されるため、多くの塩田は使われなくなったんだ。このような**塩田の跡地や軍用地の跡地に工場が進出して成立**したのが**瀬戸内工業地域**。瀬戸内海の埋め立て地に工場が進出できたことも成立の要因といえるよ。

　広島では自動車の生産がさかん。広島県の呉では造船業がさかん。岡山県の**倉敷の水島地区では石油化学コンビナートが有名**で、石油を利用する化学工業と鉄鋼業がさかんになっている。愛媛県の**今治ではタオルの生産量が日本一**となっているよ。山口県の**宇部、小野田ではセメント工業がさかん**。

　瀬戸内工業地域では、ほかの工業地帯、工業地域にくらべて化学工業の割合が高いのが特徴。これは倉敷の石油化学コンビナートの影響が大きい。石油化学コンビナートというのは、石油をつかう工場などを一部の地域に集めたものを指すよ。

中国・四国地方の文化・生活

中国地方の日本海側である**山陰地方では、冬に吹く北西の季節風の影響で冬の降水量が多い**。冬の季節風が中国山地にぶつかることによって、雨を降らせるんだ。

中国山地を越えた風は乾いた風になりやすい。太平洋側である**南四国では、夏に吹く南東の季節風の影響で夏の降水量が多い**。夏の季節風が四国山地にぶつかることによって雨を降らせるんだ。四国山地を越えた風は乾いた風になりやすい。夏も冬も季節風が四国山地と中国山地に遮られる**瀬戸内海沿岸では、一年を通じて降水量が少なくなる**。このように中国・四国地方には日本の気候区分の3つが見られるんだ。

中国地方でもっとも人口が多い都道府県は広島県。これは、知らなくても想像できそうだよね。では、四国地方でもっとも人口が多いのはどこかわかるかな?

正解は愛媛県。ちなみに、47都道府県のうち、面積がもっとも小さい香川県は四国地方でもっとも人口密度が高い都道府県なんだ。ポイントは、**中国・四国地方の人口が瀬戸内地域に集中している**こと。

中国地方で人口が多いのは広島県と岡山県。四国地方では愛媛県と香川県の人口が比較的多いんだね。広島市は人口がとくに多く、100万都市となっていて、中国地方の政治や経済、文化において中心的な役割を果たしている**地方中枢都市**なんだ。

また、広島市は原子爆弾が投下された場所でもある。**1945年8月6日に原爆が投下された**んだ。戦後、平和記念都市として平和への願いを発信しているよ。ちなみに、広島県には厳島神社と原爆ドームの2つの世界遺産があることもおさえておこう。現在、広島市では、人口の集中によって交通渋滞や住宅の不足などが生じている。これは過密によるもの。文字どおり「密集し過ぎ」で社会問題が生じているんだ。広島市に限らず大都市では過密の解消が課題となっているよ。

反対に、人口が少ない山陰地方や南四国では過疎が深刻な問題となっているんだ。

過疎とは、人口が少ないことで社会生活を送ることが困難になっている状態をいう。人口の減少により地域の収入が減ると、医療・教育などのサービスが困難になってしまうんだ。道路を整備することなども難しくなってくる。また、過疎の地域では少子高齢化が進んでいる。若者が大都市に出ていってしまうことが過疎の原因でもあるんだ。中国四国地方には過疎の深刻な地域が多い。

このような過疎の地域では、過疎化への対策を講じているところが少なくない。地域の特徴をいかして観光客を呼び込むなどの町おこしや村おこしがおこなわれている。1990年代後半から市町村の合併が多くなっているよ。これは市町村を合併することで収入を安定させ、公共サービスや福祉サービスを維持していくことを目的としたものだよ。これらの動向は「平成の大合併」といわれているよ。

まちがえないよう注意
疎 ◯ 疎 ✕

人口のランキング

順位	都道府県
1 位	東京都
2 位	神奈川県
3 位	大阪府
4 位	愛知県
5 位	埼玉県
(略)	
43 位	福井県
44 位	徳島県
45 位	高知県
46 位	島根県
47 位	鳥取県

少しくわしく

第三セクター

過疎の地域では、利用客が少ないことからバスや鉄道が廃止になりやすい。バスや鉄道は社会生活を送るうえで必要なものなので、都道府県や市町村と民間企業が共同で出資して運営していく方法がとられている。このような方法を第三セクターという。

最後に、中国・四国地方の交通に関してまとめておこう。

中国地方を走る高速道路は中国自動車道。中国地方を通る新幹線が山陽新幹線（新大阪－博多駅間）で、東海道新幹線（東京－新大阪駅間）とつながっているよ。東京から博多までを結んでいるんだ。

ちなみに博多は市ではなく駅名なので、勘違いしないようにしようね。

最後に本州と四国を結ぶ本州四国連絡橋を紹介しよう。3つのルートと4つの橋がポイントだよ。

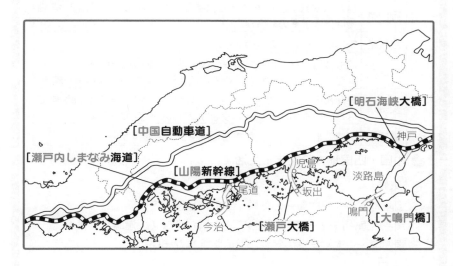

兵庫県の神戸と徳島県の鳴門を結ぶルートでは明石海峡大橋と大鳴門橋の2つの橋があるよ。

まず、神戸と淡路島を結ぶのが明石海峡大橋。淡路島と鳴門を結ぶのが大鳴門橋。岡山県の児島と香川県の坂出を結ぶのは瀬戸大橋。この児島－坂出ルートが最初に本州と四国を結んだルートだよ。

最後に紹介するルートは、広島県の尾道と愛媛県の今治を結ぶルート。瀬戸内しまなみ海道が結んでいるよ。瀬戸内しまなみ海道は自動車だけでなく歩行者や自転車でも通れるのが特徴なんだ。本州四国連絡橋に関しては橋の名称だけでなく、縦につながっている本州と四国の地名をセットで把握するようにしよう。

テーマ 19　中国・四国地方のポイント

● 中国・四国地方の産業

県名	産業のポイント
山口県	宇部、小野田ではセメント工業がさかん
広島県	広島で自動車工業、呉で造船業がさかん。**かきの養殖**がさかん
岡山県	倉敷（水島地区）では石油化学工業がさかん。**瀬戸内工業地**域は化学工業の割合が高い
島根県	宍道湖でしじみの養殖がさかん
鳥取県	鳥取は日本なしの生産量が全国有数。**鳥取砂丘**ではらっきょう、メロンの栽培がさかん。境港は日本海側で有数の漁獲量を誇る
愛媛県	**みかん**の生産がさかん。リアス海岸となっている宇和海沿岸では真珠の養殖がさかん。今治はタオルの生産量が日本一
高知県	**促成栽培**がさかん。なすとピーマンの生産量が多い

● 中国・四国地方の文化・生活

気候

山陰地方……日本海側の気候。冬の降水量が多い

瀬戸内海沿岸……一年を通して降水量が少なく、温暖な気候

南四国……太平洋側の気候。夏の降水量が多い

人口

過密……人口の集中による渋滞やラッシュ、住宅不足などの問題

　　　　（例）**地方中枢都市の広島**

過疎……人口が減少し、社会生活が困難になる問題

　　　　（例）山陰地方の島根・鳥取、南四国の高知・徳島

本州四国連絡橋

①神戸−鳴門ルート

　神戸（兵庫）⇔淡路島……**明石海峡大橋**

　淡路島⇔鳴門（徳島）……**大鳴門橋**

②児島−坂出ルート

　児島（岡山）⇔坂出（香川）……**瀬戸大橋**

③尾道−今治ルート

　尾道（広島）⇔今治（愛媛）……**瀬戸内しまなみ海道**

テーマ 20 近畿地方

■■ イントロダクション ■■

◆ 近畿地方の地形 ➡ 琵琶湖、志摩半島など重要な地名をチェック！

◆ 近畿地方の産業 ➡ 各地の農業、林業と阪神工業地帯に注目！

◆ 近畿地方の文化・生活 ➡ 近畿地方の都市の開発に注目していくよ。

近畿地方の地形

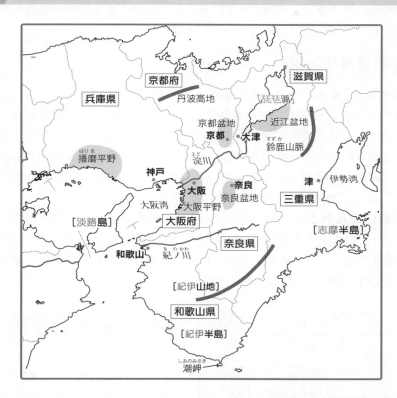

　滋賀県にある琵琶湖は日本最大の湖で、**滋賀県の面積の約6分の1に相当する**んだ。琵琶湖といっしょに、右の表を使って、湖の面積の4位までを確認しよう。

順位	湖	都道府県
1	琵琶湖	滋賀県
2	霞ケ浦	茨城県
3	サロマ湖	北海道
4	猪苗代湖	福島県

琵琶湖は「近畿の水がめ」といわれるように、近畿地方に暮らす人々の大切な水源となっているんだ。そんな琵琶湖では、水質汚濁が深刻になったことがあるよ。現在では**リンを含む合成洗剤の使用は禁止**され、水質は改善されている。その後も琵琶湖の水質を良くする取り組みは続けられているよ。

淀川は琵琶湖を源流として大阪湾に注ぐ。和歌山県の潮岬は本州の最南端の場所だよ。紀伊半島の中央部には紀伊山地がある。紀伊山地の霊場と参詣道は世界遺産に登録されているよ。三重県にある志摩半島は、複雑な海岸線であるリアス海岸となっているよ。

近畿地方の産業

近畿地方の農業の特徴を勉強していくよ。

京都や奈良、兵庫県などの大阪周辺の地域では近郊農業がさかん。近郊農業とは、大消費地に近い利点をいかして鮮度の重要な野菜や花きを栽培する農業のこと。瀬戸内海にある淡路島ではたまねぎの生産がさかんだよ。淡路島は兵庫県に属する島なので、兵庫県のたまねぎ生産量は北海道、佐賀に次いで3位になっているよ。

和歌山県はみかん、梅、柿の生産量が日本一。みかんの生産では愛媛県が1位のこともあるけれど、和歌山県が1位のことが多いよ。柿の生産に関しては2位が奈良県。三重県は茶の生産がさかん。静岡県、鹿児島県に次いで3位が三重県なんだ。

	1位	2位	3位	4位	5位
みかん	和歌山県 (20.1%)	静岡県 (14.8%)	愛媛県 (14.7%)	熊本県 (11.7%)	長崎県 (6.4%)
柿	和歌山県 (18.8%)	奈良県 (13.6%)	福岡県 (7.6%)	岐阜県 (6.7%)	愛知県 (6.5%)
梅	和歌山県 (65.1%)	群馬県 (5.1%)	―	―	―

（『日本国勢図会2020/21』より作成）

近畿地方の紀伊山地は温暖で降水量が多いことから木がよく育つ。紀伊山地は林業がさかんなんだ。三重県の尾鷲ひのき、奈良県の吉野すぎが有名だよ。

三重県にある**志摩半島で真珠の養殖がさかん**。志摩半島は**リアス海岸**になっているよ。真珠の養殖がさかんな長崎、愛媛、三重県はいずれもリアス海岸になっているんだ。

> 近畿地方の工業についても知りたいです！

では、工業に関して紹介していこう。

大阪と神戸に広がる工業地帯が**阪神工業地帯**。大「阪」と「神」戸で阪神工業地帯なので、場所は理解しやすいよね。大阪は江戸時代から経済の中心だったことは知っているかな。大阪は「**天下の台所**」と呼ばれ、江戸時代は諸藩の米などが集まる経済の中心地だったんだ。

明治時代には大阪紡績会社がつくられ、綿織物業が大きく発展し、大阪は「東洋のマンチェスター」と呼ばれるほどに成長した。18世紀後半、**産業革命**に初めて成功したイギリスの綿織物業の中心地がマンチェスター。このように、江戸時代の状況が背景となり、明治時代からさらに著しく工業が成長して、阪神工業地帯は成立したんだ。

阪神工業地帯のもっとも重要な特徴は**中小工場**が多いこと。中小工場の多い阪神工業地帯では機械工業の割合が他の工業地域にくらべて低い。**阪神工業地帯では金属工業とせんい産業がさかん**なんだ。

大阪湾沿岸の**堺では石油化学や鉄鋼業がさかん**。石油は輸入に頼っているため、石油化学の工場は沿岸部に集まるんだ。神戸では造船、和歌山では鉄鋼業がさかん。近年は、大阪湾の沿岸に液晶パネルや太陽光発電などの新しい工場が進出し、パネルベイと呼ばれているよ。

パネルベイでは、太陽光発電だけでなく、環境に優しいバッテリーの開発など、環境に配慮した製品がつくられているんだ。大阪湾岸地域は工業用水として地下水をくみ上げすぎたことによって、**地盤沈下**という公害が発生していることも覚えておこう。地盤沈下の対策として、工業用水をリサイクルするなどの対策がとられているよ。

京都府は清水焼、西陣織、友禅染といった伝統的工芸品があり、伝統工業がさかん。ほかにも近畿地方には滋賀県の信楽焼や奈良県の奈良筆などがあって、近畿地方は伝統工業がさかんなんだ。

近畿地方の文化・生活

近畿地方の気候について確認していこう。

紀伊半島は台風の通り道になりやすく、**和歌山県や三重県は、太平洋側のなかでも夏の降水量がとくに多い。瀬戸内海沿岸にある大阪府は、温暖で年間を通して降水量が少ない。**瀬戸内海沿岸では中国山地と四国山地によって冬の北西の季節風も夏の南東の季節風も遮られるため、降水量が少なくなるんだったね。

京都府や奈良県には盆地が広がっているよ。**盆地は昼と夜の気温の差、夏と冬の気温の差が大きい**という特徴がある。夏は暑く、冬は寒くなるということだね。日本海側は冬に降水量が多くなるのが特徴。

近畿地方には歴史ある都市が多く存在するよ。奈良県には710年に平城京がつくられた。京都には794年に平安京がつくられた。古都であった影響で奈良、京都には世界遺産や国宝、重要文化財が数多くあるんだ。

奈良県には法隆寺地域の仏教建造物、東大寺などの古都奈良の文化財、紀伊山地の霊場と参詣道の3つが世界遺産に登録されているよ。紀伊山地の霊場と参詣道は和歌山や三重にまたがる世界遺産だけれど、3つも世界遺産があるなんて驚きだよね。

京都では、古都京都の文化財として平等院、金閣などが世界遺産に登録されているよ。このように、**世界遺産や重要文化財が多いため、京都や奈良は観光業がさかん。**多くの外国人が訪ねているんだ。

また、京都では2007年に、歴史ある景観を守るための条例が制定されたよ。近畿地方には、ほかにも歴史ある地域があるよね。大阪は「天下の台所」と呼ばれ、江戸時代の経済の中心地だった。瀬戸内海や琵琶湖の水運を利用して、諸藩の米などが売られた。

兵庫県には姫路城があり、世界遺産に登録されているよ。城下町の代表例が姫路だね。平清盛が日宋貿易に力を注いで、神戸の港を修築したことは知っているかな。神戸は港町として栄えたんだ。和歌山県には高野山があり、これは空海が広めた真言宗の中心寺院である金剛峯寺がある

山だよ。滋賀県には最澄が広めた天台宗の中心寺院である比叡山延暦寺がある。いずれも仏教の影響で発展した都市だよ。

　現在、近畿地方には関西大都市圏とも呼ばれる大阪大都市圏が成立している。東京、名古屋、大阪は三大都市圏といわれる大都市で、人口も多い。ここからは、近畿地方の都市開発に注目していくよ。

　瀬戸内海沿岸の神戸市の北には六甲山がそびえていて、神戸市の開発は難しかった。1970年代から丘陵地を切り開いて、町の建設が進められた。このような高度経済成長の終わりごろに開発された郊外の町は、ニュータウンと呼ばれるよ。丘陵地を切り開いてニュータウンをつくり、その土を瀬戸内海の沿岸部の埋め立てに使い、人工島を建設した。この人工島をポートアイランドというよ。

　大阪、京都、奈良では大学や研究施設が多く集まる関西文化学術研究都市の開発が進められた。そのほかにも、都心と郊外を結ぶ鉄道のターミナル駅では、デパートなどの商業施設が多くつくられるなど、開発が進んでいるんだ。

　一方、大阪市、神戸市といった都心でインナーシティ問題が生じている。インナーシティ問題とは、都心周辺で起こる住宅環境の悪化などを原因とした人口減少と都市機能の低下につながる問題のこと。海外ではスラムなどの治安の悪化した都市が存在するけれど、このスラムもインナーシティ問題のひとつなんだ。

　1995年、阪神淡路大震災が起こったことは知っているかな？　日本は環太平洋造山帯に含まれていて、地震や火山が多い。阪神淡路大震災は近畿地方に大きな被害をもたらしたんだ。阪神淡路大震災の反省から、地震や津波への対策がいっそう進められたんだ。

少し　くわしく　「インナーシティ問題」と「ドーナツ化現象」

　インナーシティ問題とは、人口減少と都市機能の低下が起こる社会問題。ドーナツ化現象は都心の地価の高騰などにより人口が減少し、都心に通勤通学するために、郊外の人口が増加する現象。どちらも都心の人口が減少するという点では似ているが、ドーナツ化現象では都心の都会性や地位、都市機能は維持されるが、インナーシティ問題では都市機能が低下してしまう。ドーナツ化現象のあとにインナーシティ問題に発展することもある。

テーマ20　近畿地方のポイント

● 近畿地方の産業

府県名	産業のポイント
兵庫県	大阪に近いため、近郊農業がさかんで、たまねぎの生産量3位。阪神工業地帯の一部。神戸では造船業がさかん
大阪府	「天下の台所」と呼ばれ、江戸時代から経済の中心地。明治時代にせんい産業を中心に発展し、阪神工業地帯が成立。中小工場が多い。堺では化学工業がさかん
京都府	清水焼、西陣織、友禅染など、伝統工業がさかん
奈良県	柿の生産量が和歌山県に次いで2位 林業がさかん。吉野すぎが有名
和歌山県	みかん、柿、梅の生産量が日本一 阪神工業地帯の一部。和歌山では鉄鋼業がさかん
滋賀県	伝統的工芸品の信楽焼が有名
三重県	志摩半島で真珠の養殖がさかん。真珠の養殖がさかんな長崎、愛媛（宇和海沿岸）、三重（志摩半島）はリアス海岸になっている。雨の多い三重県では林業がさかん。尾鷲ひのきが有名

● 近畿地方の文化・生活

気候

太平洋側（紀伊半島）……台風の通り道になりやすく、夏の降水量が非常に多い

瀬戸内海沿岸……年間を通して降水量が少ない。温暖な気候

日本海側……冬の降水量が多い

※ 盆地の気候の特徴……夏と冬、昼と夜の気温の差が大きい

歴史ある都市

近畿地方には歴史ある都市が多く、世界遺産も多い

府県名	歴史・世界遺産のまとめ
奈良県	710年平城京遷都。法隆寺地域の仏教建造物、東大寺などの古都奈良の文化財、紀伊山地の霊場と参詣道が世界遺産に登録
京都府	794年平安京遷都。平等院、金閣など古都京都の文化財が世界遺産に登録
大阪府	「天下の台所」として栄える。明治時代にせんい業が発達

兵庫県	平　清盛が日宋貿易を重視し、神戸の港を修築。港町として栄える
滋賀県	平安時代の初期に最澄が天台宗を広める。中心寺院は比叡山の延暦寺
和歌山県	平安時代の初期に空海が真言宗を広める。中心寺院は高野山の金剛峯寺

都市の開発

大阪大都市圏：三大都市圏（東京、名古屋、大阪）のひとつ

ポートアイランド：1970 年代、ニュータウンの建設にともなって
　　　　　　　　　つくられた人工島

インナーシティ問題：都心周辺の人口が減少し、都市機能が低下す
　　　　　　　　　　る問題

テーマ ㉑ 中部地方

イントロダクション

◆ 中部地方の地形 ⇒ 日本アルプスや越後山脈など気候にも影響する山脈はとくに重要だよ。

◆ 中部地方の産業 ⇒ 農業も工業もさかんな地域。しっかり理解しよう。

◆ 中部地方の文化・生活 ⇒ 中部地方の気候と人口に注目するよ。

中部地方の地形

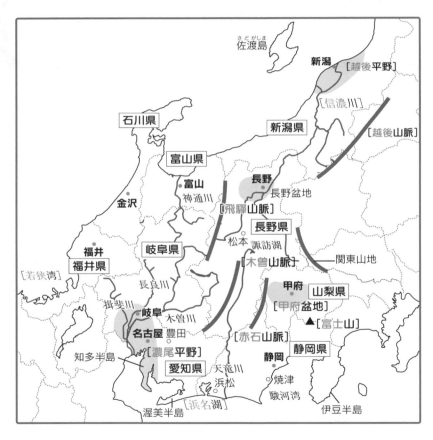

　中部地方の中央部には3000m級の山々が連なっていて、これらは**日本の屋根**と呼ばれる。中部地方の山脈を確認していこう。

中部地方の中央部には飛驒山脈・木曽山脈・赤石山脈が連なっている。この3つの山脈を日本アルプスというよ。日本アルプスは北から順に、飛驒・木曽・赤石山脈となっている。場所がわかるように、北から順に飛驒・木曽・赤石と漢字で書きながら、くり返し声に出して読んで覚えよう。

ちなみに飛驒山脈は北アルプス、木曽山脈は中央アルプス、赤石山脈は南アルプスと呼ばれるので、これが設問のヒントになることがあることも紹介しておくよ。中部地方の山といえば富士山があるよね。**富士山は日本最高峰の山**。富士山は日本芸術など日本の文化に大きく影響しているため、**世界文化遺産に登録**された。世界自然遺産ではないので注意しようね。

信濃川は**日本最長の川**。約367km。日本の全長が約3000kmなので、単純に比較すると日本の10分の1以上を流れている計算になるね。

福井県にある**若狭湾沿岸**は**リアス海岸**の地域。地盤が固く、原子力発電所が集中している地域。岐阜県あたりは「美濃」、愛知県は「尾張」というのが旧国名。この2つの地域にまたがる平野を濃尾平野という。

濃尾平野には木曽三川が流れていて、木曽三川の下流では輪中といわれる、堤防で囲まれた地域がある。濃尾平野は標高が低く、洪水の被害が多い地域なんだ。堤防で囲み、村や畑を守っているんだね。

知っていますか？

木曽三川とは木曽川、長良川、揖斐川の3つ。木曽川は中央アルプスである木曽山脈を上流とするため、木曽山脈と木曽川はセットで覚えておこう。木曽三川の河口付近が濃尾平野で、河口には輪中地帯がある。重要な地名が多いので、木曽三川を上手に使って場所を把握しよう。

中部地方には、**フォッサマグナ**と呼ばれる大地溝帯がある。日本アルプスの東側に南北にのびるフォッサマグナを基準として、**東日本と西日本に分けられている**んだ。フォッサマグナは新潟県の糸魚川から静岡市までを西端とし、東端は関東地方まで続いているよ。

中部地方の産業

中部地方の農業を紹介していこう。

新潟、石川、富山、福井県といった北陸地方では冬の積雪が多いため、冬に農業をするのは難しい。だから、1年に1回米をつくる水田単作地帯が広がっているよ。**新潟は米の生産量が多く、北海道と1位を競っている**状況が続いているよ。

新潟で多くつくられているのはコシヒカリというブランド米。銘柄米ともいうね。コシヒカリは日本でもっとも多くつくられている米の品種でもあるんだ。また、北陸地方は、夏の気温が高くなることをいかして、秋の早い時期に稲を収穫する早場米の生産がさかんな地域であることもおさえておこう。

長野県は標高が高く、冷涼な気候。このような気候の特徴をいかして、高冷地農業がさかんだよ。高冷地農業とは、夏の涼しい気候をいかして、暑さに弱いレタス、キャベツ、はくさいといった高原野菜を春から夏にかけて栽培する農業。ほかの産地よりも出荷時期を遅らせる抑制栽培のひとつだよ。出荷時期を遅らせることで高く売ることが可能になるんだったね。

とくに**長野県ではレタスの生産がさかん**。八ヶ岳のふもとにある、長野県野辺山原や浅間山のふもとの群馬県嬬恋村が、高冷地農業のさかんな地域。

関東地方の群馬県ではキャベツの生産がさかん。ただし、**キャベツの生産量の1位は愛知県**のことが多いので注意が必要だよ。また愛知県では菊の生産量が日本一。電照菊といって照明を当てる時間を調節して、開花時期を遅らせて出荷時期をずらす栽培がさかん。ほかの地域と出荷の時期をずらすことで、高い値段で売ることが可能。電照菊のように、施設を利用した農業を施設園芸農業という。

中部地方には果樹栽培のさかんな地域が多い。**山梨県では、ももとぶどうの生産量が日本一**。山梨県の甲府盆地で果樹栽培がさかんなんだ。

山に囲まれた盆地には扇状地（せんじょうち）が形成されやすい。水はけのよい**扇状地は果樹栽培に適している**んだ。

　ももとぶどうの生産量は山梨県が1位なので、2位まで覚えておかないと解けない問題があるよ。ももの2位は福島、ぶどうの2位は長野だよ。表でもまとめておくので、しっかり覚えよう。

　長野県ではぶどう以外にりんごの生産もさかん。青森県に次いで2位となっているよ。静岡県ではみかんの生産がさかんで、和歌山県、愛媛県に次いで3位の年が多い（2018年はなんと2位についている）。中部地方にはぶどう狩りやりんご狩りなどをおこなう観光農園（かんこうのうえん）も多く見られるよ。

　茶の産地としては静岡県の牧之原（まきのはら）が有名。茶の生産量がもっとも多いのが静岡県だね。三重県も茶の生産がさかん。

2018年	1位	2位	3位	4位	5位
米※	新潟県 (8.3%)	北海道 (7.6%)	秋田県 (6.8%)	山形県 (5.2%)	宮城県 (4.9%)
レタス	長野県 (35.7%)	茨城県 (15.3%)	群馬県 (7.9%)	長崎県 (5.8%)	兵庫県 (4.9%)
キャベツ	群馬県 (18.8%)	愛知県 (16.7%)	千葉県 (8.5%)	茨城県 (7.5%)	鹿児島県 (5.2%)
もも	山梨県 (34.8%)	福島県 (21.4%)	長野県 (11.7%)	山形県 (7.1%)	和歌山県 (6.6%)
ぶどう	山梨県 (23.9%)	長野県 (17.8%)	山形県 (9.2%)	岡山県 (8.8%)	福岡県 (4.2%)
りんご	青森県 (58.9%)	長野県 (18.8%)	岩手県 (6.3%)	山形県 (5.5%)	福島県 (3.4%)
みかん	和歌山県 (20.1%)	静岡県 (14.8%)	愛媛県 (14.7%)	熊本県 (11.7%)	長崎県 (6.4%)
茶※	静岡県 (38.6%)	鹿児島県 (36.6%)	三重県 (7.7%)	宮崎県 (4.6%)	—

※米と茶のみ2019年の数値。
（『日本国勢図会2020/21』より作成）

静岡県には全国有数の漁獲高をほこる焼津がある。**焼津港では遠洋漁業がさかん**。遠洋漁業は、遠くの海で漁業をおこなうので、出発すると1か月以上帰ってこないことがあるような漁法。当然燃料代も多くかかるため、1973年に起こった石油危機以降は、石油価格の高騰によって、遠洋漁業は衰退傾向にあるんだ。このような状況でも焼津は遠洋漁業の基地でマグロの水揚げ量が多い。また、静岡県にある**浜名湖ではうなぎの養殖がさかん**。

　さて、次は中部地方の工業について説明していくよ。中部地方は工業がさかんな地域となっているよ。

　まずは愛知、三重、岐阜に広がる中京工業地帯から紹介しよう。**中京工業地帯は工業生産額が日本一**。豊田市では自動車工業がさかん。豊田市は企業城下町のひとつで、自動車のトヨタがある市なので豊田市という名称になったんだ。企業の名称が市の名前になっているよ。

　豊田市の影響で、中京工業地帯は機械工業の割合が高いのが特徴。製造品出荷額における**機械工業の割合が約70％程度にもなる**んだ。豊田市以外には石油化学工業のさかんな四日市市、陶磁器の生産がさかんな瀬戸市、多治見市が有名だね。製造品出荷額が最大の工業地帯である中京工業地帯は、愛知県が中心なので、**製造品出荷額がもっとも多い都道府県は愛知県**となっているよ。

　都道府県別の製造品出荷額の上位を確認しておこう。

　次の表は2017年の製造品出荷額の10位までの都道府県をまとめたものだよ。表中の都道府県が含まれている工業地帯、工業地域がわかるかも、ここでチェックしてみよう。

順位	都道府県名（工業地帯、地域）	順位	都道府県名（工業地帯、地域）
1位	愛知県（中京工業地帯）	6位	埼玉県（関東内陸工業地域）
2位	神奈川県（京浜工業地帯）	7位	茨城県（関東内陸工業地域）
3位	大阪府（阪神工業地帯）	8位	千葉県（京葉工業地域）
4位	静岡県（東海工業地域）	9位	三重県（中京工業地帯）
5位	兵庫県（阪神工業地帯）	10位	広島県（瀬戸内工業地帯）

（『データでみる県勢2020』より作成）

静岡県に広がる東海工業地域では、**ピアノ、オートバイ、紙の生産がさかん**。国産のピアノはすべて静岡県でつくられているんだよ。とくに浜松市で多くのピアノが生産されていて、オートバイの生産もさかん。ヤマハや河合楽器の工場があるんだ。

富士市では製紙パルプ工業がさかん。パルプ工業とは、木材を利用してさまざまな製品をつくる工業のことだと理解しておこう。

長野県の諏訪湖周辺では精密機械工業がさかん。昔は桑畑が広がっていて、養蚕がさかんだったが、現在では製糸業にかわって時計やカメラなどの精密機械工業がさかんだよ。高速道路が整備されて輸送しやすくなったことから、ICなどの電気機械工業もさかんになっている。

北陸地方では、**冬に積雪が多いため、農家の副業として地場産業や伝統工業が発達**した。地場産業とは特定の地域で特産品を生産する産業のこと。富山県の薬や福井県の眼鏡のフレームなんかも地場産業のひとつだね。北陸地方の伝統的工芸品としては、石川県の輪島塗、九谷焼、加賀友禅や新潟県の小千谷ちぢみ、岐阜県の美濃和紙、美濃焼などがとくに有名だね。

中部地方の文化・生活

日本海側に位置する新潟県や富山県、石川県、福井県を北陸地方という。**北陸地方では、冬の降水量が多い**。雪が多いことが、産業にも大きく影響していることは紹介してきたとおりだよ。水田単作地帯が広がっていることや地場産業、伝統工業がさかんな理由が、冬の積雪が多いことだったよね。

中部地方の中央部、長野・岐阜・山梨にまたがる山岳地帯を中央高地という。中央高地は山がちな地形なので、季節風が遮られて**年間を通して降水量が少ない**。

また、標高が高いため冷涼な気候。**1月の平均気温が0度を下回ることが多い**。夏でも涼しいため、観光客が多く集まる避暑地となっているよ。

長野県の軽井沢が中央高地の避暑地として有名ですよね。
行ったことがあります。

　中部地方の南部、愛知県や静岡県は東海地方という。東海地方は太平洋側なので、夏に吹く南東の季節風の影響で**夏の降水量が多い**よ。

　最後に、中部地方の人口について学習していこう。

　愛知県には企業や商業施設が多く、名古屋を中心に人口も集中している。名古屋大都市圏が形成されていて、東京、神奈川、大阪に次いで4番目に人口が多いよ。

　中京工業地帯の各地でつくられた製品は、名古屋港や中部国際空港で輸出されるように、経済面での結びつきも強い。また、東海道新幹線や東名高速道路が通る東海地方には、静岡市や浜松市、名古屋市といった**政令指定都市**が並んでいる。東海道新幹線の開通は東京オリンピック開催と同じ1964年の出来事。東名高速道路は東京と名古屋を結ぶ高速道路だよ。

　日本は1980年代後半に環日本海経済圏構想を発信した。これは北陸地方などの日本海側の地域とソ連（現在のロシア連邦）、中国、韓国などが経済的にともに発展していこうとする構想だよ。

　新潟県には日本海沿岸の国々の物流の拠点づくりが進められている。政治体制の違いなどにより、環日本海経済圏構想の発展には時間がかかっているのが現状だね。

少し くわしく

📖 **「政令指定都市」とは？**

　政令というのは内閣（政府）が出す命令・きまりのこと。政令指定都市とは、政府によって指定された都市ということで、指定を受けると通常は都道府県がおこなっている保健や福祉、教育などの業務を市が担当できるようになる。現在は人口50万人以上の都市が指定を受けていて20都市が指定されている（132ページ参照）。

テーマ 21　中部地方のポイント

● 中部地方の産業

県名	産業のポイント
石川県	冬の積雪の影響で伝統工業がさかん。輪島塗、九谷焼、加賀友禅がとくに有名
岐阜県	中京工業地帯の一部。多治見市の陶磁器が有名 美濃和紙、美濃焼といった伝統的工芸品が有名
愛知県	キャベツ、菊の生産がさかん（電照菊は施設園芸農業のひとつ）。中京工業地帯の中心。製造品出荷額がもっとも多い。豊田市の自動車、瀬戸市の陶磁器が有名。中京工業地帯は機械工業の割合が約70％程度になるのが特徴
静岡県	茶の生産量が日本一、みかんの生産もさかん。焼津港は日本有数の漁獲量をほこる遠洋漁業の基地。浜名湖ではうなぎの養殖がさかん。東海工業地域があり、ピアノ・オートバイの生産、製紙・パルプ工業がさかん
山梨県	甲府盆地では果樹栽培がさかん。もも、ぶどうの生産量が日本一。観光農園も多い
長野県	高冷地農業がさかんでレタスの生産量がもっとも多い。りんご、ぶどうの生産もさかん。工業では、古くは桑畑が広がり養蚕がさかんな地域だったが、現在は精密機械工業がさかん
新潟県	日本有数の稲作地帯。近年は北海道と新潟のどちらかが米の生産量1位となっている。冬は積雪が多いため水田単作地帯が広がる。小千谷ちぢみなどの伝統工業もさかん

● 中部地方の文化・生活

気候

北陸地方……冬の降水量が多く、積雪も多い

中央高地……年間を通して降水量が少なく、冷涼な気候

東海地方……夏の降水量が多い

人口

名古屋大都市圏……名古屋を中心に人口が集中している。愛知県の人口は4位

環日本海経済圏構想……日本海を取り囲む、日本海側の日本・ロシア連邦・中国・韓国などがともに経済発展していこうとする構想

22 関東地方

■■ イントロダクション ■■

◆ 関東地方の地形 ➡ まずは重要な地名を場所を確認しながら覚えよう。

◆ 関東地方の産業 ➡ 農業も工業もさかん。とくに工業は4つの工業地域があるので、京浜工業地帯を基準にしっかり整理しよう！

◆ 関東地方の文化・生活 ➡ 昼間人口、夜間人口についてマスターしよう。

関東地方の地形

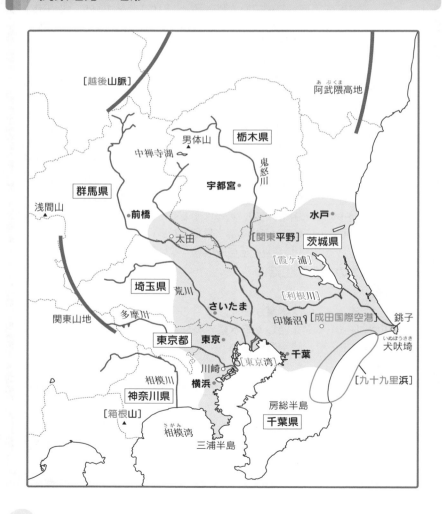

関東平野は日本最大の平野。関東平野には火山灰が積もってできた関東ロームと呼ばれる赤土が広がっているよ。

関東ロームはシラス台地と同じく火山灰が積もってできた地形なので、水はけがよくて稲作には適さない。畑作がさかんな地域となっているよ。シラス台地というのは覚えているかな。

> シラス台地は鹿児島、宮崎にある火山灰が積もってできた地形ですよね。覚えています。畜産がさかんですよね。

うん。しっかり覚えているね。関東平野には利根川や荒川などの河川が流れている。千葉県と茨城県の県境を流れる**利根川は、流域面積が日本最大**。入試によく出題されているよ。茨城県の**霞ヶ浦は日本で2番目に大きい湖**。もともとは秋田県の八郎潟が

まちがえないよう注意
霞○

2番目に大きい湖だったけれど、八郎潟は8割ほどを干拓したんだ。干拓というのは堤防などで区切って水分を抜くことをいう。干拓して土地利用できるようにしたんだ。これによって霞ヶ浦は琵琶湖に次いで2番目の湖になったんだ。

栃木県にある中禅寺湖は男体山のふもとにあり、日本でもっとも高いところにある湖。**日本最長の砂浜海岸は九十九里浜**。江戸時代には地引網を用いたイワシ漁がさかんで、干鰯の産地として発達した。干鰯とは江戸時代に使われた肥料のひとつ。現在、地引網漁は観光用としておこなわれているよ。

関東地方の産業

関東地方の産業をチェックしていこう。

農業では、大消費地である東京に近いことをいかして、近郊農業がさかん。近郊農業のさかんな千葉県、茨城県、埼玉県では鮮度が重要な野菜や花きが多く出荷されているんだ。**千葉県・埼玉県ではほうれんそう、ねぎの生産がさかん。茨城県でははくさいやレタス、ピーマンが多くつくられている**よ。

とくに千葉県と茨城県は野菜の生産がさかんで、野菜の農業生産額では2位か3位のことが多い。ちなみに1位は北海道。千葉の農業では落花生も有名だね。千葉県の特産物として知っておこう。

群馬県の浅間山のふもとの嬬恋村では高冷地農業がさかん。標高が高いため、夏でも涼しい気候を利用して、出荷時期を遅らせてレタスやキャベツ、はくさいなどの高原野菜を栽培しているんだ。高冷地農業は抑制栽培のひとつ。出荷時期をずらすことで、高い値段で売ることができるんだね。

群馬県ではキャベツの生産量が多い。暑さに弱い野菜なので、輸送のさいにも保冷車などを用いるのが特徴。大消費地から離れた場所で栽培した農産物を、トラックやフェリーなどで大消費地に出荷する農業を輸送園芸農業というんだ。高冷地農業も輸送園芸農業のひとつということだね。

2018年	1位	2位	3位	4位	5位
ほうれんそう	千葉県 (11.2%)	埼玉県 (10.6%)	群馬県 (9.4%)	茨城県 (7.8%)	―
ねぎ	千葉県 (13.8%)	埼玉県 (12.3%)	茨城県 (11.0%)	群馬県 (4.3%)	北海道 (4.3%)
にんじん	北海道 (28.6%)	千葉県 (19.0%)	徳島県 (8.5%)	青森県 (6.5%)	長崎県 (5.7%)
ピーマン	茨城県 (23.8%)	宮崎県 (18.9%)	高知県 (9.6%)	鹿児島県 (9.0%)	―
レタス	長野県 (35.7%)	茨城県 (15.3%)	群馬県 (7.9%)	長崎県 (5.8%)	兵庫県 (4.9%)
はくさい	茨城県 (26.5%)	長野県 (25.4%)	―	―	―
キャベツ	群馬県 (18.8%)	愛知県 (16.7%)	千葉県 (8.5%)	茨城県 (7.5%)	鹿児島県 (5.2%)
いちご	栃木県 (15.4%)	福岡県 (10.1%)	熊本県 (6.9%)	静岡県 (6.7%)	長崎県 (6.3%)
日本なし	千葉県 (13.1%)	茨城県 (10.3%)	栃木県 (8.8%)	福島県 (7.4%)	鳥取県 (6.9%)

（『日本国勢図会2020/21』より作成）

栃木県ではいちごの生産量が日本一。日本なしは千葉県、茨城県で多く生産されている。ただし、日本なしはほかの果物にくらべて生産量の順位が年によって変わりやすいので、注意が必要。鳥取県も含めて、「**日本なしの産地＝千葉・茨城・鳥取**」と覚えておくと解きやすいよ。

栃木県は酪農がさかん。乳牛の飼育頭数がもっとも多いのは北海道だけれど、次いで多いのが栃木県や岩手県なんだ。

千葉県にある銚子は漁獲量が多い。静岡県の焼津港と千葉県の銚子港が漁獲量1位を競っている状態。近年は銚子が1位のことが多いね。**銚子ではしょうゆの生産も有名**。江戸時代から発達してきた地場産業なんだ。

> 関東地方は農業がさかんなんですね。
> 次は工業に関して知りたいです。

では、関東地方の工業に注目していくよ。

関東地方には4つの工業地帯、工業地域がある。まずは歴史の古い京浜工業地帯から紹介しよう。

東京湾沿岸の東京都と神奈川県にあるのが京浜工業地帯。東「京」と横「浜」で京浜。戦前は阪神工業地帯が製造品出荷額1位という年が続いていたけれど、**戦後は京浜工業地帯が最大の工業地帯**となった。2000年ごろに愛知県を中心とする中京工業地帯に抜かれ、**現在も中京工業地帯が最大の工業地帯**となっているよ。

最大の工業地帯だった時期を順に並べると「北九州➡阪神➡京浜➡中京」となる。京浜工業地帯の特徴は出版業がさかんなこと。東京は政治・経済・文化の中心なので、出版社が東京に集中しているためだね。しかし、近年、出版業は工業統計に含まれないことになったので、統計上の京浜工業地帯の地位は低下しているんだ。そのほかには、**横浜で自動車工業や造船**が、**川崎で石油化学、鉄鋼業**がさかん。

京浜工業地帯は東京と横浜を中心とした工業地帯なので、土地が狭く、地価が高いという難点がある。戦後、京浜工業地帯が拡大していくなかで、東京湾沿岸の千葉県に工場が進出するようになった。比較的新しい工業である石油化学工業の工場が進出し、それにともなって鉄鋼業もさかんになったんだ。

　石油化学や鉄鋼業では、石油の輸入が必要になる。日本では多くの石油は産出できないからね。石油を輸入するなら沿岸部でなければいけないということになる。こうして誕生したのが京葉工業地域。東「京」湾沿岸の千「葉」と覚えておこう。ということで、**京葉工業地域の最大の特徴は、化学工業の割合がもっとも高いということ**。京葉工業地域を除くすべての工業地帯、工業地域では、機械工業の割合がもっとも大きい。唯一京葉工業地域だけ、化学工業の割合が最大なんだ。

　工業都市としては、鉄鋼業のさかんな千葉、石油化学工業のさかんな市原が有名。市原には石油化学コンビナートがつくられているよ。

　群馬、栃木、埼玉といった関東の北側では関東内陸工業地域が発達している。北関東工業地域ともいうよ。この工業地域も京葉工業地域と同様に京浜工業地帯の延長として発展した。

　関東内陸工業地域は名前のとおり内陸の工業地域なので、**内陸にあっても成立する自動車工業や電気機械の製造がさかん**。高速道路の整備によって、国内でつくった部品を集められるようになり、組み立てて製品をつくる組み立て工業がさかんになったんだ。このように、高速道路のインターチェンジ付近に計画的に工場がつくられた工業団地が点在しているんだ。輸入を必要とする原材料がない工場では、京浜工業地帯から関東内陸工業地域に移転してくることもあり、関東内陸工業地域は生産力を上げている工業地域なんだ。群馬県の**前橋では電気機械**、同じく群馬県の**太田では自動車**、埼玉県の**秩父ではセメント**の生産がさかん。

　茨城県に**掘り込み式の港が整備されたことで、工場が多く進出して成立**したのが鹿島臨海工業地域。家電で有名な日立は知っているよね。日立市では電気機械の生産がさかん。鹿嶋市では鉄鋼業がさかん。市の名称では「鹿嶋」、地域の名称では「鹿島」といって漢字が異なるので注意。

ややこしいけれど、まずは鹿島臨海工業地域をしっかり書けるようにしておこう。

　関東地方では工業もさかんで、必然的に貿易額も多くなりやすい。関東地方は日本の玄関として、日本有数の貿易港が多い。**成田国際空港**は日本最大の貿易港。**成田国際空港では集積回路の輸出入の割合が高い**のが特徴。**東京港**でも輸出入量が非常に多い。大消費地の東京に近いので、**衣類や肉類の輸入量が多い**のが特徴。

　横浜港では自動車の輸出の割合が高く、横浜港も日本有数の貿易港なんだ。鹿島港は掘り込み式の港で、鹿島臨海工業地域成立の主要な理由だったね。

関東地方の文化・生活

　関東地方の気候から確認していこう。

　関東地方は太平洋側なので、**夏に吹く南東の季節風の影響で夏の降水量が多い**。冬は北西の季節風が越後山脈に遮られて、日本海側に多くの雨や雪を降らせるので、関東地方には乾いた風が吹きやすい。この乾いた風を**からっ風**というよ。群馬県や栃木県には屋敷森という防風林が見られる。

　群馬には浅間山などの山が多く、標高が高い。標高の高い地域では、冷涼な気候となっているんだ。また、山が多いと季節風が遮られやすいため**年間を通して降水量が少なくなる**のが特徴だよ。

　関東地方の気候に関しては理解できたかな。では次のテーマに移ろう。

　首都である東京に、日本の約10分の1の人口が集まっているのは知っているかな。さらに、東京に次いで人口が多いのは神奈川県。埼玉県は東京のベッドタウンで人口が5番目に多い。関東地方には日本の人口の約3分の1が集中しているんだ。

　人口の面だけでなく、首都である東京には、国会議事堂や最高裁判所などの日本の中枢機能が集中している。経済の面でも企業や銀行が多く、海外から進出してきた会社も東京に多い。また、横浜市、川崎市、相模原市、千葉市、さいたま市が**政令指定都市**となっているよ。このように、東京を中心として**東京大都市圏**が形成されているんだ。

東京大都市圏には人口が多く集まって、住宅が不足するようになった。これによって、東京の郊外や近くの県にニュータウンがつくられるようになったんだ。都市の再開発もおこなわれていて、神奈川県のみなとみらい21や埼玉県のさいたま新都心、千葉県では幕張新都心が代表例だね。

[横浜のみなとみらい21]

茨城県には筑波研究学園都市がつくられているよ。

　東京には都市機能が集中し、企業や学校の数が非常に多く、近隣の県から東京へ通勤、通学する人が多いという**昼夜間人口比率が高い**特徴がある。

　昼夜間人口比率とは、夜間人口100人あたりの、昼間人口の割合。東京は日本全国のなかで昼夜間人口比率がもっとも高いんだ。**昼は東京に通勤・通学してきて、夜は住んでいる町に帰る人が多い**ということだね。

　東京の周辺の埼玉や千葉は昼夜間人口比率が低い。多くの人が通勤通学のために東京に出ていっているんだね。昼間人口と夜間人口の差に関して理由を説明するときのポイントは「通勤、通学」。忘れずに書こうね。

　東京を中心とした都心部では、人口が多いことで多くの都市問題を抱えている。人口が密集することで、渋滞や通勤ラッシュ、地価の高騰などの問題が生じる状態を過密といったね。そのほかに、ごみの処理に関する問題も生じているんだ。

　関東地方も関東平野周辺の山地のあたりには、過疎の進む地域がある。地元の活性化のため、村おこしがおこなわれているよ。

　若者のあいだでも地方で働くことに魅力を感じる人が増えていて、**Uターン**や**Iターン**と呼ばれる現象があるんだ。Uターン、Iターンはどちらも都会から地方への動きを表している。東京などの都会の学校に進学した後、地元に帰って就職しようという動きをUターンというよ。出身地には関係なく、都会から地方に移り住むことをIターンというんだ。

テーマ22　関東地方のポイント

● 関東地方の産業

都県名	産業のポイント
群馬県	高原野菜を栽培する高冷地農業がさかん。キャベツの生産がさかん。関東内陸工業地域の一部。関東内陸工業地域では組み立て工業がさかん。前橋の電気機器、太田の自動車など
栃木県	いちごの生産量が日本一。酪農がさかん
埼玉県	大消費地である東京に近いことをいかした近郊農業がさかん。ほうれんそうやねぎの生産量が多い。秩父のセメント工業が有名
東京都	京浜工業地帯の一部。政治、経済、文化の中心のため、出版業がさかん。東京港では衣類や肉類などの輸入が多い
神奈川県	京浜工業地帯の一部で、工業がさかん。横浜の造船や自動車工業、川崎の石油化学、鉄鋼業が有名
茨城県	近郊農業がさかん。はくさいやレタス、ピーマンの生産量が多い。日本なしの生産も全国有数。鹿島臨海工業地域では、電気機器の生産がさかん
千葉県	近郊農業がさかん。ほうれんそうやねぎの生産量が多い。落花生や日本なしの生産も全国有数。地場産業である銚子のしょうゆも有名。銚子は漁獲量が日本有数の港。京葉工業地域は化学工業の割合がもっとも高い。千葉市では鉄鋼業がさかん。成田国際空港は日本最大の貿易港で、集積回路の輸出入が多い

● 関東地方の文化・生活

気候

太平洋側……夏の降水量が多い。冬にはからっ風が吹きやすい

中央高地……年間を通じて降水量が少なく、冷涼な気候

人口・都市

東京大都市圏……東京、神奈川、埼玉、千葉県といった、東京を中心に人口が集中する地域。政令指定都市も多い

昼夜間人口比率……夜間人口100人あたりの、昼間人口の割合

　➡東京の昼夜間人口比率は（高い）

　➡千葉、埼玉県の昼夜間人口比率は（低い）

過密……人口が密集した状態。渋滞やラッシュなどの問題がある

Uターン・Iターン……都会から地方へ就職すること

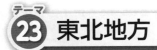

テーマ 23 東北地方

■┇■┃ イントロダクション ┃■┇■

◆ 東北地方の地形 ➡ 農業のさかんな平地が多い。河川もセットで覚えよう。

◆ 東北地方の産業 ➡ 農業や水産業のさかんな地域が多い。近年は工業も発達しているので要注意。

◆ 東北地方の文化・生活 ➡ 入試によく出る気候や、三大祭りなどの文化に注目。

東北地方の地形

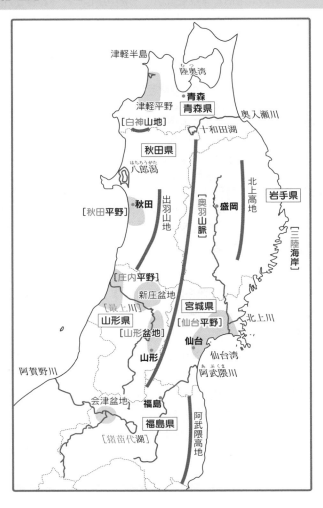

まちがえないよう注意
奥○ 奥✕

第1章 世界のすがた

第2章 世界の諸地域

第3章 世界の特色と世界とのつながり

第4章 日本の諸地域

第5章 資料の読み取り

奥羽山脈は南北に長い**日本最長の山脈**。もうひとつ、**東北地方を東西に分ける山脈**というヒントで出題されることもあるよ。

奥羽山脈の「奥」の字の下のほうは「大」ということを確認しておこう。点2つにしている間違いが結構多いからね。日本三大急流のひとつである最上川の流域には山形盆地や新庄盆地、河口に広がる庄内平野など、農業のさかんな平地が続いているよ。

福島県には東北地方でもっとも大きい湖である猪苗代湖がある。これは日本で4番目に大きいんだ。三陸海岸はリアス海岸の代表的な場所だね。寒流の親潮（千島海流）と暖流の黒潮（日本海流）のぶつかる地点である潮目に近いことも影響して、**三陸海岸では漁業がさかん**。

東北地方の産業

東北地方の農業について紹介していくよ。

東北地方には稲作のさかんな地域が多く、日本の穀倉地帯となっている。**日本の米の約4分の1が東北地方で生産されている**んだ。米の生産量のトップ10をチェックしてみよう。

【2019年の米の生産量】

順位	都道府県名（地方）	順位	都道府県名（地方）
1位	新潟県（中部地方）	6位	福島県（東北地方）
2位	北海道（北海道地方）	7位	茨城県（関東地方）
3位	秋田県（東北地方）	8位	栃木県（関東地方）
4位	山形県（東北地方）	9位	千葉県（関東地方）
5位	宮城県（東北地方）	10位	青森県（東北地方）

（『日本国勢図会2020/21』より作成）

東北地方には、秋田県の秋田平野、山形県の庄内平野、宮城県の仙台平野など稲作地帯が多いんだ。

岩手県以外の東北地方の県は、
全部トップ10に入っているんですね。

　うん。ちなみに2019年の岩手県の米の生産量は第11位。東北地方で米の生産がさかんなのはしっかり伝わったかな。
　稲作に関してもうひとつ、秋田県の大潟村について紹介するよ。
　秋田県の八郎潟は、もともとは日本で2番目に大きい湖だったんだ。その約8割を干拓して、つくられた大潟村は、稲作地帯となるはずだったが、当時、日本人の食生活の変化などで米が余るようになっていたため、減反政策がおこなわれてしまった。減反政策とは米の生産量を抑えるために、田んぼを減らす政策のこと。水田を畑に変える転作や、稲作を中断する休耕がおこなわれたんだ。

　東北地方では、米の生産だけでなく果樹栽培もさかん。**青森県はりんごの生産量が日本一。山形県はさくらんぼの生産量が日本一。**70%以上のさくらんぼが山形で栽培されているんだ。**福島県はももの生産がさかん**で、山梨県に次いで2番目に多い。**岩手県は酪農がさかん。**酪農がさかんな都道府県として、北海道、栃木県、岩手県が浮かぶようにしよう。
　岩手県の東部には**三陸海岸**という**リアス海岸**が続いていて、漁業がさかんというのは確認したばかりだね。青森県の八戸港、宮城県の気仙沼港や石巻港などで、漁業がさかん。宮城県の**仙台湾ではかきの養殖がさかん**。かきの養殖のさかんな地域といえば、広島県と宮城県。青森県の**陸奥湾では、ほたて貝の養殖がさかん。岩手県ではわかめの養殖がさかん。**複雑な入り江のリアス海岸は波が穏やかで、養殖に適しているんだ。

［リアス海岸（三陸海岸）］

東北地方は全体的に稲作がさかんで、日本の穀倉地帯となっているけれど、冬は積雪が深く、農業には向かない。冬の副業として発達したのが伝統工業だよ。　岩手県の**南部鉄器**、青森県の**津軽塗**、秋田県の**大館曲げわっぱ**、宮城県の**宮城伝統こけし**、山形県の**天童将棋駒**、福島県の**会津塗**といったように有名な伝統的工芸品が多いんだ。伝統的工芸品のほかにも東北地方では酒づくりやしょうゆの生産などの**地場産業**もさかん。また、秋田県の角館は江戸時代初期につくられた城下町で、当時のままの武家屋敷が残されていることなどから、観光客を集めている。国の**重要無形民俗文化財**に指定されている祭りもあり、重要な観光資源となっている。

このように、伝統的な産業が多い東北地方でも、交通の発達によって工業化が進んだ。高度経済成長期の終わりごろに、**東北自動車道**が開通したことで、高速道路沿いに工場が進出。高速道路を利用して各地に輸送しやすい**集積回路（IC）**の生産がさかんだよ。集積回路の工場が林立していることから東北地方は**シリコンロード**と呼ばれているよ。

青函トンネルは青森と函館を結ぶ海底トンネル。旅客輸送だけでなく貨物輸送でも重要な役割をはたしているんだ。

東北の文化・生活

東北地方の気候に注目していくよ。

奥羽山脈より東の**太平洋側は夏の降水量が多い**。**日本海側は冬の降水量が多い**。冬の寒さが厳しいため、日本海側では雪が多くなる。夏は南東の季節風、冬は北西の季節風の影響を受けているんだ。季節風は山にぶつかって山を越えるときに気温が下がり、雨を降らす。山を越えたあとは乾いた風になるんだ。

少し くわしく　フェーン現象

風は山にぶつかると、上昇して山を越える。空気には上昇すると気温が下がり、下降すると気温が上がるという特徴がある。空気が山を越えたときに、山の風下側の気温が大きく上昇する現象をフェーン現象という。風上から空気が山を越える（上昇する）ときに気温が低下し、雨を降らせる。乾いた空気が山を下って気温が上がる。乾いた空気のほうが気温の変化が激しいため、風下の気温上昇のほうが大きくなりやすい。

東北地方の気候に関して、もうひとつ紹介しよう。寒流である千島海流（ちしまかいりゅう）の上空を通って、**夏に東北地方に吹く北東の冷たい風**をやませという。東北地方は日本の穀倉地帯（こくそうちたい）で、米の生産量が多い地域。約4分の1の米を生産しているのが東北地方だったね。やませは冷たい風なので、夏に吹くと気温が上昇しにくくなる。稲作には気温の上昇が欠かせないため、やませが吹くと、米が不作になりやすい。

やませは冷害（れいがい）の原因になるんだ。やませのポイントは、季節＝夏、風向き＝北東、おもな場所＝東北地方、影響＝冷害の4つ。しっかりおさえよう。

話はかわるけれど、東北地方には有名なお祭りが多い。東北三大祭りを知っているかな？　青森の**ねぶた祭り**、秋田の**竿燈まつり**（かんとう）、仙台の**七夕まつり**（たなばた）が東北三大祭りと呼ばれているんだ。ほかにも、山形の花笠まつり（はながさ）、盛岡のさんさ踊り（もりおか）、福島のわらじまつりがあり、観光客を集めているよ。

七夕まつりでも有名な仙台市は、東北地方で最大の都市。東北地方の行政の中心となる**地方中枢都市**（ちほうちゅうすうとし）でもあるんだ。

[青森のねぶた祭り]

[秋田の竿燈まつり]

テーマ23　東北地方のポイント

● 東北地方の産業

県名	産業のポイント
福島県	ももの生産がさかん。山梨に次いで生産量2位。 伝統的工芸品：会津塗（あいづぬり）
山形県	さくらんぼの生産量日本一。最上川の河口に広がる庄内平野（しょうないへいや）では稲作がさかん。 伝統的工芸品：天童 将棋駒（てんどうしょうぎこま）
宮城県	かきの養殖がさかん。仙台平野（せんだいへいや）は日本有数の稲作地帯。 伝統的工芸品：宮城伝統こけし
岩手県	酪農がさかん。リアス海岸である三陸海岸は、潮目（しおめ）にも近く、漁業がさかん。わかめの養殖もさかん。 伝統的工芸品：南部鉄器（なんぶてっき）
秋田県	米の生産量、日本3位。秋田平野（あきたへいや）は日本有数の稲作地帯。八郎潟を干拓して大潟村をつくったが、減反政策（げんたんせいさく）の影響を受ける。 伝統的工芸品：大館曲げわっぱ（おおだてまげ）
青森県	りんごの生産量が日本一。陸奥湾（むつわん）でのほたて貝の養殖がさかん。 伝統的工芸品：津軽塗（つがるぬり）

シリコンロード……集積回路（しゅうせきかいろ）（IC）の工場が東北自動車道沿いに多く進出したことからついた東北地方の別称

● 東北地方の文化・生活

気候

日本海側……冬の降雨水量が多い

太平洋側……夏の降水量が多い

やませ：夏に東北地方に吹く北東の風。冷害を引き起こす

文化

東北地方の祭り

青森：ねぶた祭り　　秋田：竿燈まつり　　仙台：七夕まつり

山形：花笠まつり　　盛岡：さんさ踊り　　福島：わらじまつり

24 北海道地方

■:■ イントロダクション ■:■

◆ 北海道地方の地形 ➡ 農業の分野でも平野などは重要。場所も含めて把握しておこう。

◆ 北海道地方の産業 ➡ 生産量日本一の農業にはとくに注目！

◆ 北海道地方の文化・生活 ➡ 入試頻出の気候と人々の生活について紹介するよ。

北海道地方の地形

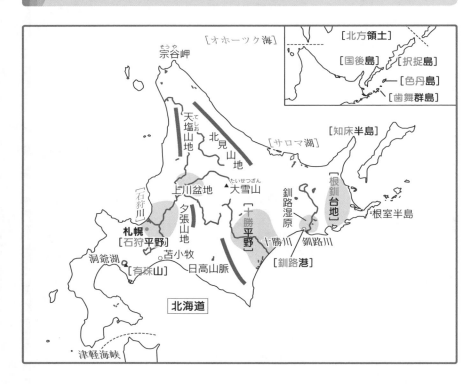

ここまで地方ごとに日本地理を勉強してきたけれど、北海道地方で最後。では、いつものように北海道の地形から紹介していくよ。

2000年に噴火した火山は有珠山。有珠山のふもとにあるのが洞爺湖で、2008年に開かれたサミットの開催地だね。サミットとは主要国首脳会議のことで、各国の代表者がさまざまな社会問題に関して話し合うものだよ。

　有珠山以外にも北海道には火山があり、火山によってつくられた特徴的な地形は国立公園に指定されて観光資源になっているよ。2005年に**世界遺産に登録されたのが知床**。知床半島全体が登録されたわけではないので、北海道にある世界遺産を答えるさいには「知床」と答えよう。「知床半島」と答えないように注意しよう。

　サロマ湖は日本で3番目に大きい湖だよ。**琵琶湖、霞ケ浦、サロマ湖、猪苗代湖**の順番だったよね。覚えているかな？　北海道の北に広がる海はオホーツク海。オホーツク海の流氷は有名だね。流氷を見にくる観光客も多い。ロシア連邦との領有問題のある北方領土は南から順に歯舞群島、色丹島、国後島、択捉島の四島のこと。面積がもっとも大きいのが択捉島。**択捉島は日本の最北端**の島でもあるね。

　北海道には入試頻出の平地がいくつもあるけれど、それは次の項目のなかで農業といっしょに紹介するよ。

[世界遺産に登録された知床]

北海道地方の産業

　北海道の農業に注目しよう。

　北海道の面積は日本の約2割に相当するほど広い。面積が広いこともあり、北海道は農業生産額が日本一。ほかの地域の農業とくらべて、大型機械を利用した大規模な農業がおこなわれている。また主業農家が多いのも特徴だよ。

知って
いますか？

農家の分類について確認しておこう。
①農家は自給的農家と販売農家に分かれる

自給的農家 ……自分の家で食べる程度の量を生産する農家

販売農家 ……経営耕地面積が30a以上、または農産物販売
金額が50万円以上の農家

②販売農家は、以下の3つに分かれる

主業農家 ……農業収入が主で、自営農業に60日以上従事
している65歳未満の人がいる農家

準主業農家 ……農業以外の収入が主で、自営農業に60日以
上従事している65歳未満の人がいる農家

副業的農家 ……自営農業に60日以上従事している65歳未
満の人がいない農家

※全国では副業的農家がもっとも多いが、北海道で
は主業農家がもっとも多い

　では実際に、北海道で生産がさかんな農作物をチェックしていこう。多くの農作物で生産量の上位にランクインしているよ。

	1位	2位	3位	4位	5位
米 (2019年)	新潟県 (8.3%)	北海道 (7.6%)	秋田県 (6.8%)	山形県 (5.2%)	宮城県 (4.9%)
たまねぎ (2018年)	北海道 (62.1%)	佐賀県 (10.2%)	兵庫県 (8.3%)	―	―
にんじん (2018年)	北海道 (28.6%)	千葉県 (19.0%)	徳島県 (8.5%)	青森県 (6.5%)	長崎県 (5.7%)
だいこん (2018年)	北海道 (11.8%)	千葉県 (11.3%)	青森県 (9.2%)	鹿児島県 (7.2%)	神奈川 (6.0%)
大豆 (2019年)	北海道 (40.6%)	宮城県 (6.9%)	秋田県 (6.4%)	福岡県 (4.1%)	滋賀県 (3.6)
小豆 (2019年)	北海道 (93.7%)	―	―	―	―
ばれいしょ (2018年)	北海道 (77.1%)	―	―	―	―
てんさい (2019年)	北海道 (100%)	―	―	―	―
小麦 (2019年)	北海道 (65.4%)	福岡県 (6.6%)	佐賀県 (4.5%)	愛知県 (3.0%)	三重 (2.2%)

※「ばれいしょ」はじゃがいもの別名　　　　　　（『日本国勢図会2020/21』より作成）

では、北海道の農業に関して、少しくわしく勉強していこう。

まずは、北海道の稲作について。北海道は気温が低いため、稲作には適していない。稲作は比較的温暖な地域のほうが栽培に適しているんだ。そんな北海道でも、上川盆地で古くから稲作がさかんだった。盆地の気候の特徴は覚えているかな？　昼と夜、夏と冬の気温の差が大きいというのが盆地の気候の特徴。昼や夏に気温が上昇する上川盆地では古くから稲作がさかんだったけれど、現在のような全国有数の名産地というにはほど遠かった。品種改良によって寒さに強い稲がつくられたことで、現在では石狩平野が日本有数の稲作地帯になった。

さらに、入れ土とも呼ばれる客土をおこなった。客土というのは、耕地の土質改良のために、地質の異なる土を混ぜることをいう。石狩平野の場合には稲作のさかんな土地から土を運んできて混ぜることで、稲作に適した地質になったということだね。

次は北海道の畑作に注目。北海道の畑作の中心地は十勝平野。根菜・豆類・小麦が十勝平野での栽培がさかんな作物の代表格だね。もう一度、さっきの表を確認してみよう。

確かに、根菜と豆と小麦の生産量日本一は北海道でしたね。

うん。たまねぎのことを考えると、「根菜」の部分を「カレーに入っているもの」として分類するのもおもしろいかな。

もうひとつ、北海道の畑作に関して、てんさいを紹介したい。てんさいとは砂糖大根、ビートとも呼ばれるもので、砂糖の原料だよ。北海道のてんさいのシェアは100％。つまり、日本で栽培されているてんさいはすべて北海道でつくられているということ。これは明確なヒントになるから大切だよね。

十勝平野の一部では酪農と畑作を組み合わせた混合農業がおこなわれているんだけれど、これにはてんさいが関係しているんだ。何かわかるかな？　砂糖をつくるときに、てんさいを搾ってつくる。ポイントなのは、この「てんさいの搾りかす」なんだ。てんさいの搾りかすを家畜のえさに

して、酪農をおこなっているんだよ。あくまでも十勝平野は畑作の中心地。チーズなどの乳製品は副産物としてとらえておこう。

　十勝平野で輪作と呼ばれる農法が取り入れられていることも重要なポイントだよ。

　同じ土地で、同じものをつくり続けていくと、特定の養分だけが失われてしまう。これを連作障害というよ。**連作障害を防ぐのが輪作をおこなう目的**。時期ごとに異なる野菜を順番につくっていくことで、バランスのとれた土地になるんだ。

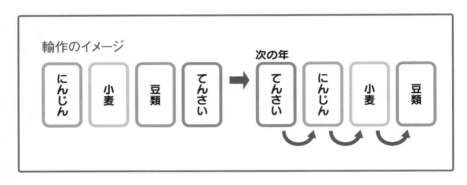

　酪農の中心地は**根釧台地**。**北海道の乳牛の飼育頭数は非常に多く、日本一**。50％以上の乳牛が北海道に集まっているんだ。乳牛を育てるつもりでもオスが生まれることもあり、乳牛もゆくゆくは肉牛になるため、酪農中心の**北海道が肉牛の飼育頭数でも日本一**なんだ。

　牛に関しては、どちらも北海道が1位なので、2位以降も確認しておかないとダメだよ。肉用牛の飼育頭数が北海道に次いで多い鹿児島県・宮崎県は、豚や肉用若鶏の飼育もさかん。畜産がさかんな地域なんだね。

	1位	2位	3位	4位	5位
乳用牛	北海道 (60.1%)	栃木県 (3.9%)	熊本県 (3.3%)	岩手県 (3.2%)	群馬県 (2.6%)
肉用牛	北海道 (20.5%)	鹿児島県 (13.5%)	宮崎県 (10.0%)	熊本県 (5.0%)	岩手県 (3.5%)

（『日本国勢図会2020/21』より作成）

根釧台地の西にある釧路港は日本有数の漁獲高を誇る漁港。ほかにも根室港など漁獲量の多い漁港が多く、**北海道は漁獲量も日本一**。サロマ湖ではほたて貝の養殖がさかんだよ。

　釧路港の近くにある釧路湿原は**ラムサール条約に日本で初めて登録**された場所だよ。ラムサール条約というのは、水鳥の保護をおもな目的に、水鳥の生息地である湿原を守ろうとする国際条約なんだ。

　北海道の工業では、農業や水産業などがさかんなことをいかして、食料品工業がさかん。工業都市としては、**食料品工業のさかんな札幌**、**製紙工業がさかんな苫小牧**、鉄鋼業のさかんな室蘭などがあるよ。

　北海道では、観光業もさかん。すでに紹介したけれど、世界自然遺産に登録された知床や日本の他の地域では見られない流氷などがあり、自然をいかした観光業が発展している。さっぽろ雪まつりなども多くの観光客が集まるね。

北海道の文化・生活

　北海道は、日本で唯一冷帯（亜寒帯）の地域。夏が短く、冬が長く、**梅雨がないのが北海道の気候**の特徴。当然、日本のなかではもっとも寒い地域で、**平均気温が0度を下回る月が4か月ほどある**のも重要な特徴なんだ。

　ただし、北海道のなかでも気候の特徴はさまざまだよ。たとえば、北海道の日本海側では、冬の北西の季節風の影響で、冬の降水量が多くなりやすい。太平洋側では、夏の南東の季節風の影響で、夏の降水量が多くなる。

　また、夏の南東の季節風が、寒流である千島海流に急激に冷やされることで、濃霧を生じさせることも多い。内陸では中央部の山地、山脈に季節風が遮られて、降水量が少なめになりやすい。雨温図を読み取るさいに、「降水量が少ないことをヒントに中央高地や瀬戸内海沿岸を選択したら、正解が北海道だった」というようなことにならないように注意しよう。平均気温0度以下の月が4か月ほどという点を見落とさないように気をつけよう。

　このように、寒さの厳しい北海道では、寒さに耐えるためにいろいろな工夫をしているんだ。たとえば、**ロードヒーティング**というものがある。「ロード」は道路、「ヒーティング」は加熱・暖房などの意味がある言葉。

ヒートアップの「ヒート」と同じような意味の言葉だね。北海道では、道路の中に電熱線や温水パイプを入れて、雪をとかすシステムが見られる。これをロードヒーティングというんだ。

　また、信号機は積雪を防ぐために縦型のものや上部が斜めになっているものがあるよ。住居でも、保温性を高めるために窓が二重になっていたり、雪が積もるのを防ぐために、屋根が斜めになっているなどの工夫が見られる。

　最後のテーマに移ろう。北海道の歴史と文化に注目していくよ。

　北海道にはもともと**アイヌ民族**が暮らしていた。明治時代になると、政府は**北海道開拓使**を設置して、北海道の開拓をおこなった。また、北方の警備と農業をおこなう**屯田兵**も明治時代に置かれた。もともとアイヌの人々は狩りや漁をして生活するという独自の文化を継承してきたが、明治時代に欧米式の大規模な農業がおこなわれるようになったんだ。

　さらに、北海道旧土人保護法を制定した。これは、アイヌ民族の保護を建前にして、土地を給付して農耕民族化をすすめ、日本民族への同化をねらった法律だったんだ。現在では、独自の文化を継承してきたアイヌの文化を守るために、アイヌ文化振興法が制定されているよ。

テーマ24　北海道地方のポイント

ポイント整理

● 北海道地方の産業

	産業のポイント
農業	特徴　大規模農業と主業農家が多いこと 石狩平野……稲作の中心地 十勝平野……畑作の中心地 根釧台地……酪農の中心地 ※北海道は農業生産額日本1位
水産業	釧路港、根室港などで漁獲量が多く、漁業生産額も日本一 サロマ湖のほたて貝の養殖
工業	食料品工業がさかん 札幌：食料品工業　　苫小牧：製紙業　　室蘭：鉄鋼業
観光業	知床……世界遺産に登録 流氷……オホーツク海で見られる現象

● 北海道地方の気候・歴史

気候

日本海側……冬の降雨水量が多い

太平洋側……夏の降水量が多い。濃霧が発生しやすい

内　　陸……降水量が少なめ

※冷帯（亜寒帯）に属する。平均気温0度以下の月が4か月ほどあるのが特徴

　➡ロードヒーティング……道路に電熱線や温水パイプを入れて雪をとかす

歴史

アイヌ民族……日本の先住民

北海道開拓使……明治時代に北海道を開拓するために設置された役所

屯田兵……北方の警備と農業をおこなう

第2部

日本地理

第5章

資料の読み取り

資料の読み取り

テーマ 25 地形図の読み取り

■■ イントロダクション ■■

◆ **方位** ➡ 地形図の読み取りの基本を確認。
◆ **縮尺** ➡ 計算分野の単元。計算のしかたをマスターしよう。
◆ **等高線** ➡ 標高を求める問題以外に縮尺の問題にも活用できるぞ！
◆ **等高線** ➡ 地形図の読み取りで地図記号は欠かせない。しっかり覚えよう。

方位

　地形図でおもに用いられる方位は八方位。東西南北が四方位で北東・北西・南東・南西を加えたものが八方位だね。十六方位が使われることもありえるので、「西南西」「東北東」のような言い方に慣れておこう。下の図で確認しておこう。

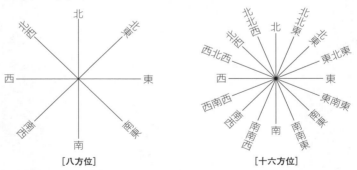

[八方位]　　　　　　　　　　　　　　　[十六方位]

　「東北東」なら、北東の方角のなかで東よりということで東北東。「北北東」なら北東の方角のなかで北よりなので、北北東ということだね。

> 八方位の先頭に東西南北がついて、十六方位になるんですね。

方位に関しては、地形図に示されることがある。右のような印を見たことはないかな？　方位を示す線の先が数字の「4」のように曲がっているところが**北**を示す。とくに**指定のない地形図では上が北になっている**よ。

縮尺

　地形図とは、土地がどのように利用されているか、どのような施設がつくられているかなど、くわしい土地の状況が示されたもの。実際の距離を縮めて地形図に表すわけで、その「どれくらい縮めたかを示す割合」を縮尺_(しゃく)という。

　1：25000と1：50000の縮尺の地形図が、入試ではよく出題されるよ。1：25000というのは地形図上で1cmの距離が実際は25000cmということ。25000分の1に縮めた地形図ということだね。25000分の1の地形図と50000分の1の地形図では、縮尺の小さい25000分の1のほうがくわしい地形図になる。50000分の1の地形図は25000分の1の地形図にくらべて広い範囲を表すことができる。

　縮尺を利用することで、実際の距離がどれくらいなのかを計算することができる。この縮尺の計算が入試によく出るんだ。「1：25000の地形図で、地形図上のA－B間は4cm」だとすると実際のA－B間の距離は何kmか。1：25000の地形図の場合には1cmで表されたものは、実際は25000cm。地形図上で4cmなら、4×25000となるよね。4cm×25000cm＝100000cmとなって、100000cm＝1000m＝1kmと単位を直していけば、答えがわかる。

┌───┐
│ 実際の距離の求め方①   │
│   地形図上の長さ×縮尺の分母＝実際の距離   │
│   4cm×25000 ＝ 100000cm   │
│   ↑25000分の1なので、25000をかける   │
└───┘

┌───┐
│ 実際の距離の求め方②   │
│   比を利用して計算する考え方   │
│ 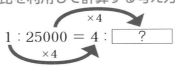   │
│   1：25000 ＝ 4： ?   │
└───┘

　縮尺の計算の方法に関しては、上の2つの方法は、計算する内容は同じだね。考え方に違いがある程度なので、考えやすいほうで考えてくれればいいよ。

　では、さっそく問題で練習して、どんどん慣れていこう。

①25000分の1の地形図で、地形図上の長さが6cm。
　実際の距離は何m？
②25000分の1の地形図で、地形図上の長さが8cm。
　実際の距離は何km？
③50000分の1の地形図で、地形図上の長さが5cm。
　実際の距離は何km？

（解答）
①6cm×25000＝150000cmとなる。
　単位を直して150000cm＝**1500m**
②8cm×25000＝200000cmとなる。
　単位を直して200000cm＝2000m＝**2km**
③5cm×50000＝250000cmとなる。
　単位を直して250000cm＝2500m＝**2.5km**

縮尺に関する問題のうち、面積を求める問題が出てきたら、注意してほしい。

『50000分の1の地形図で、地形図上の1辺の長さが6cmの正方形。実際の面積は何km²？』という問題の答えはどうなるかな。ちょっと考えてみよう。

（解答）

手順に注意してくれれば、とくに複雑な問題ではないね。ポイントは**辺の長さを先に計算して、実際の距離を求める**ことなんだ。そのあとに面積の計算をしようね。

手順①　1辺の長さを求める　　6cm×50000＝300000cm……3km

手順②　面積を求める　　　　3km×3km＝**9km²**

等高線

等高線は「等しい」「高さ」「線」の漢字のとおりで、等しい標高の地点を結んだ線が等高線なんだ。

右のように等高線上に引かれたAとBで傾斜が急なのはAとBのうち、どちらかわかるかな？

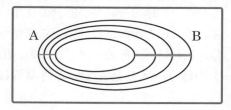

等高線は同じ高さを結んだ線なので、AもBも上る高さは同じということになるね。つまり、同じ高さを短い距離で上るのがA、同じ高さを長い距離をかけて上るのがBということになる。Aのように**等高線の間隔が狭いと、傾斜が急**ということなんだ。反対に、Bのように**等高線の間隔が広いと、傾斜が緩やか**ということになる。

次の等高線のきまりをチェックしよう。1：25000の地形図と1：50000の地形図で違いがあるので、区別が必要だよ。

等高線の種類	縮　尺	
	1：25000	1：50000
主曲線（細い線）	10mごと	20mごと
計曲線（太い線）	50mごと	100mごと

※5本に1本、計曲線（太い線）が引かれる

等高線のきまりを知っておくことで、等高線が示す実際の標高を求めることができるんだ。

次の等高線を見てみよう。右の地形図を25000分の1の縮尺だとして、Aの地点の標高を求めるとどうなるかな。25000分の1の地形図では、主曲線（細い線）は10mおきに引かれるので、頂上から順に数えていくと……270mとなるね。

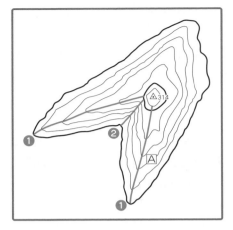

次に、右上の地形図で❶と❷に注目してほしい。❶は山の頂上から凸型につき出ているのがわかるよね。これは尾根の部分だとわかる。尾根というのは、山地の一番高い部分の連なりのことで、稜線とも呼ばれるものだよ。反対に、❷のほうは頂上に向かって凹型に入り込んでいるのがわかるね。これは谷の部分を示したもの。**頂上からつき出た等高線は尾根、頂上のほうへ入り込んでいる等高線は谷**を表しているんだ。

ほかにも等高線の活用方法を紹介しよう。

縮尺の計算をする問題で、地形図に縮尺が記載されていないことがあるんだ。「縮尺が載ってないのに、縮尺の計算なんてできないよ」と思いそうだけれど、そこで等高線に注目してほしい。もし、等高線の間隔が10mごとに引かれているなら、その地形図の縮尺は25000分の1の地形図ということになる。20mおきなら50000分の1の縮尺ということになる。**等高線の間隔から縮尺を考えられる**ということを知っておこう。

地図記号

おもな地図記号

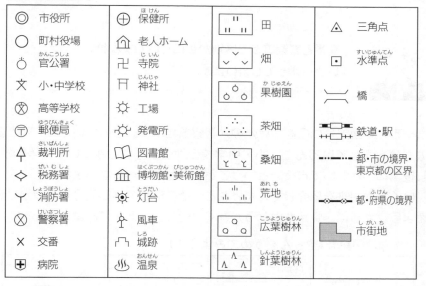

上の地図記号を見て、表しているものがわからないといけないよ。

地図記号はたくさんあって、1回だけでは覚えきれないと思うので、何度も覚えたか自分でテストしてみよう。

地図記号に関して、いくつか由来を紹介するよ。

水田は収穫したあとの稲が由来となったもので、畑は植物が芽を出す双葉からつくられた地図記号。果樹園はわかるよね。りんごをモチーフにしたもの。広葉樹林や針葉樹林、桑畑などは木を横から見た形の地図記号になっているよ。広葉樹林は葉っぱが丸く、針葉樹林は葉っぱの形がとがっている。木全体のイメージも針葉樹林はとがった印象になるんだね。消防署は「さすまた」という道具がもとになっているんだけれど、さすまたというのは知っているかな？　今では防犯用の道具になっているけれど、古くは火事のときに延焼を防ぐために隣の家を壊すのに使った道具なんだ。

官公署というのは、独自の地図記号をもたない役所のこと。「公」という字がもとになっているよ。税務署はそろばんの珠、交番は警棒を2つ重ねたイメージでつくられているよ。

交番と警察署って区別がしにくいですよね。
いつも迷ってしまいます。

　交番の地図記号に○をつけたのが警察署だよね。○のついたものは上級のものを表しているんだ。小・中学校の地図記号に○がついて高等学校、町役場に○がついて市役所ということ。これなら迷わないよね。
　いくつか由来を紹介してきたけれど、そのほかの地図記号もしっかり覚えよう。さらに、覚えたかどうか、くり返しテストしてみよう。

おもな地図記号（空らんをうめてみよう！）

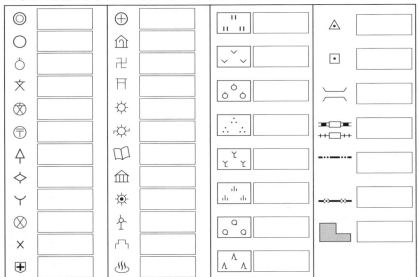

テーマ 25　地形図の読み取りのポイント

ポイント整理

● 縮尺……実際の大きさからどれくらい縮めた地形図なのかを示す割合

計算の仕方

　実際の距離＝地形図上の長さ×縮尺の分母

● 等高線……**等しい高さの地点を結んだ線**

ポイント①

　等高線の間隔が狭い➡傾斜が急

　等高線の間隔が広い➡傾斜が緩やか

ポイント②

　1：25000 の地形図……主曲線は **10m** ごとに、計曲線は **50m** ごとに引かれる

　1：50000 の地形図……主曲線は **20m** ごとに、計曲線は **100m** ごとに引かれる

ポイント③

　頂上から凸型につき出た等高線……**尾根**

　頂上から凹型に入り込んだ等高線……**谷**

テーマ
26 グラフ・表の読み取り

■■■ **イントロダクション** ■■■

◆ **グラフ・表の読み取りのポイント** ⇒ 読み取り問題は説明式の問題として出題されることも多い。記述対策も万全に！

グラフ・表の読み取りのポイント

　グラフにはいろいろな種類があるよね。まず、基本的なグラフごとの特徴を確認しておこう。

　折れ線グラフは、増減を示すのに適している。横軸に年や月といった時間を入れることが多く、時期による増加、減少の傾向を見やすくしているんだ。

　棒グラフは、大小を比較するのに適したグラフ。データの大きさが棒グラフの大きさに反映されるため、大小がはっきりしやすい。**円グラフは割合、構成比を示すのに適したグラフ**だね。円を全体として、構成比を扇形で表したグラフなので、扇形の大きさで割合がわかる。

　帯グラフは、円グラフと同じく、割合や構成比を示すのに用いられるグラフ。円グラフよりも、**帯グラフはほかのデータと割合を比較するのに適している**のが特徴。**散布図は傾向を示す**のに利用されることが多いグラフだね。

　このようなグラフごとの特徴を頭に入れたうえで、資料の読み取りをすると、注目すべき点を見逃さなくなるよ。また、資料を読み取るさいの最大のポイントは大・小／増・減に注目すること。重箱の隅をつつくような、小さなデータに注目してもしかたがない。「その資料がいちばん伝えたいこと」を読み取るように意識することが重要なんだよ。そのためのポイントが「大小増減」に注目すること。**年号を含む資料だったら、とくに「増減」を明確にしよう。**

　では、いくつか具体的なグラフを見てみよう。

次の折れ線グラフは米の生産量と1人あたりの供給量をまとめたもの。読み取るべき重要なポイントは何かな？　2つ考えてみよう。

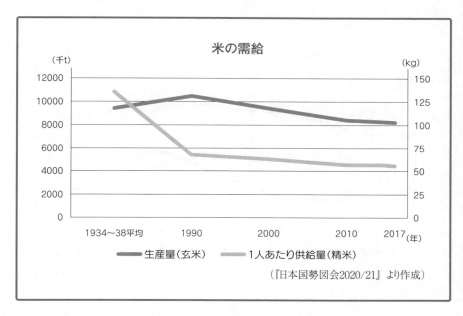

米の需給

（『日本国勢図会2020/21』より作成）

①**生産量が1990年以降、減少していること**と、

②**1人あたり供給量は1934年から38年平均の半分以下まで2010年には減少していること**、という2つが読み取れていればOK。年号が示された資料では、増減がポイントになりやすいので、説明式の問題であれば、増減を明記するようにしよう。

ちなみに、米の1人あたり供給量が減っているのは、日本人が食べる米の量が減っていることを示しているよ。昔は食事といえば米を食べていたのが、現在はパンやラーメン、スパゲッティ、そば、うどんのように、米以外にもたくさんの選択肢があり、日本人の米の消費量が減少しているんだね。前にも紹介した減反政策が始まる原因は日本人の米離れにあったんだね。

では、もうひとつ練習してみよう。

次の折れ線グラフは果実の国内消費量と国内生産量、輸入量をまとめたもの。読み取るべき重要な要素は何かな？　3つあげてみよう。

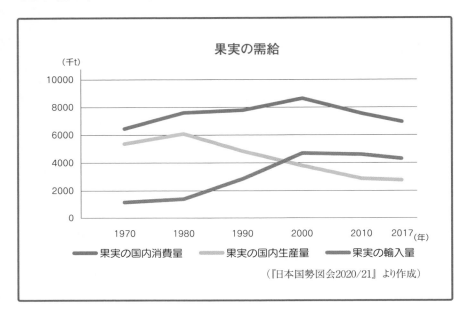

①**2000年まで果実の国内消費量は増加傾向にあったこと**
②**果実の国内生産量は減少していること**
③**果実の輸入量が比較的増加傾向であること**　の3つが読み取れるね。

　ちなみに、いろいろな種類の果物が食卓に並ぶようになり、国内で栽培される果物が外国産の果物におされている状況があるんだ。食料自給率も果物は40％程度となっていて、ほかの品目にくらべて低めなんだ。
　説明式の記述の場合、説明すべき重要なポイントが抜けると点数がもらえない可能性が高い。たとえば、上記の「果実の需給」に関する資料の説明が出題された場合、①と②しか書かなかった答案は〇にはならないということ。書き漏れのないように、ポイントを盛り込むように注意しよう。

次の棒グラフは社会保障の財源をまとめたもの。公費というのは国や地方公共団体が負担する費用。税金がもとになったものだね。次の資料で読み取れることは何かな。

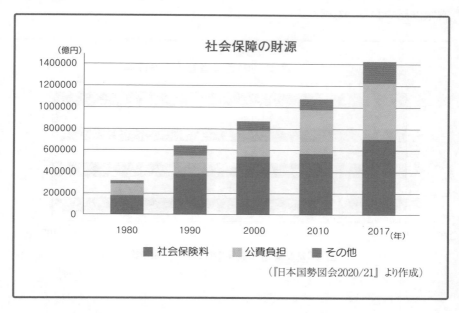

（『日本国勢図会2020/21』より作成）

①社会保障に使われている費用が増えていること
②社会保障の財源のうち、社会保険料がもっとも大きな割合を占めること
③社会保障の財源のうち、近年は公費負担の増加が大きいこと
がポイントだね。

　年号を含む資料なので増減をしっかり明記するのが望ましい。また、構成比が示されているので、内訳についても注目すべきだね。

　日本は少子高齢化が急速に進んでいるため、歳出のもっとも大きな割合を占めるのが社会保障関係費なんだ。税金も多く投入されているんだ。

次のグラフは鹿児島県、大阪府、沖縄県、愛知県の産業別有業者の割合を表したもの。帯グラフは、割合や構成比を見やすくしながら、ほかのデータとの比較がしやすいのも特徴だったね。次のAからDのうちから沖縄県は見つかるかな？

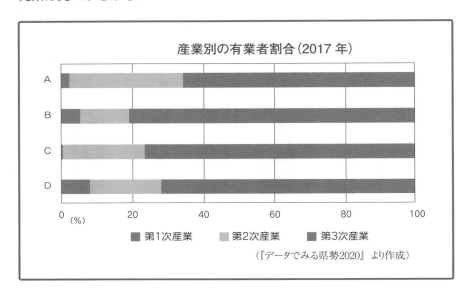

産業別の有業者割合（2017 年）

（『データでみる県勢2020』より作成）

　帯グラフの読み取りでは、**大・小**を比較しながら考えよう。

　Aはほかの県にくらべて第2次産業がさかん。Bなら第3次産業の割合が最大。Cは極端に第1次産業が少ない。Dは第1次産業の割合がA 〜 Dのなかでもっとも大きい。

　沖縄県の産業の特徴は第3次産業の割合が高いことだったね。沖縄県は観光業が産業の中心なんだ。ほかの県にくらべて、製造業などの第2次産業が少なく、そのぶん第3次産業がさかんなんだ。だから、Bが沖縄県。

　ちなみに、Aは製造業割合が多めなので、愛知県だと想像がつくね。大阪府は都市部なので、農業を代表とする第1次産業の有業者数は少ないため、Cがあてはまる。残ったDが鹿児島県だね。たしかに鹿児島県は畜産や茶、さつまいもの生産など、農業がさかんな県だよね。

次の表は北海道、新潟県、茨城県、山梨県の2017年の米、畜産、野菜、果実の生産額をまとめたもの。AからDにあてはまる道県を考えてみよう。

（単位 億円）

	米	畜産	野菜	果実
A	1279	7279	2114	61
B	1417	517	352	79
C	63	81	128	595
D	868	1336	2071	133

（『データでみる県勢2020』より作成）

このような表から考える場合には、**大・小に注目！**　数字の大きいもの、逆に極端に小さいものに注目することでヒントが明確になりやすい。Aは畜産の生産額が大きく果実は小さい。4つの道県のなかで畜産が有名なものといえば……北海道！　というように考えていこう。

Aは畜産に注目して北海道。Bは米に注目して新潟県。北海道以上に米の生産額が多いのは新潟県しかありえないよね。Cは果物に注目して山梨県。山梨県は、ももとぶどうの生産量が日本一だったね。Dは野菜に注目して茨城県。茨城県は近郊農業がさかんだよね。

テーマ 26　グラフ・表の読み取りのポイント　**ポイント整理**

大・小／増・減に注目して、重要なデータを見つけよう。
（年号を含む資料では、とくに増・減に注目）
➡説明式の問題は、読み取ったポイントをもれなくまとめよう！

さ く い ん

し

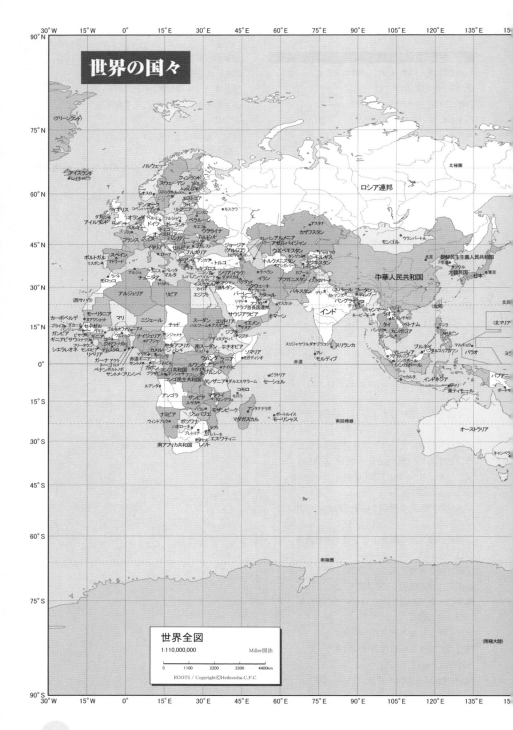

世界の国々

世界全図

1:110,000,000　　Miller図法

0　1100　2200　3300　4400km

ROOTS / Copyright©Heibonsha.C.P.C

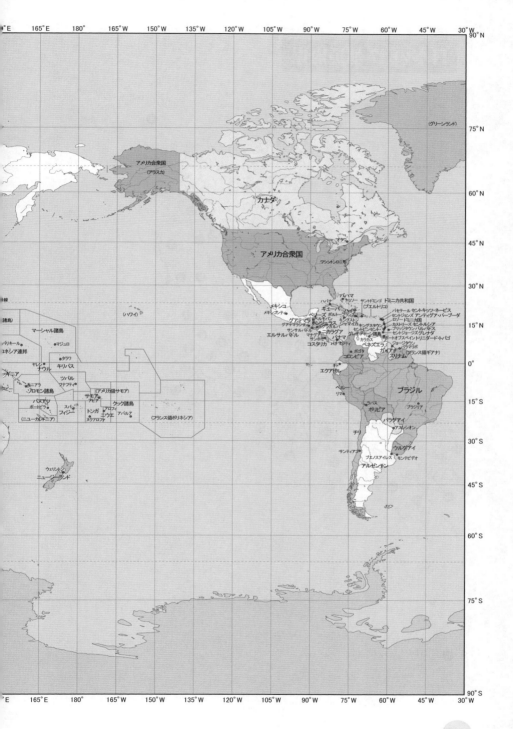

日本の47都道府県

都道府県名、（　）内は県庁所在地

❶北海道（札幌）

❷青森県（青森）

❸岩手県（盛岡）

❹宮城県（仙台）

❺秋田県（秋田）

❻山形県（山形）

❼福島県（福島）

❽茨城県（水戸）

❾栃木県（宇都宮）

❿群馬県（前橋）

⓫埼玉県（さいたま）

⓬千葉県（千葉）

⓭東京都（東京）

⓮神奈川県（横浜）

⓯新潟県（新潟）

⓰富山県（富山）

⓱石川県（金沢）

⓲福井県（福井）

⓳山梨県（甲府）

⓴長野県（長野）

㉑岐阜県（岐阜）

㉒静岡県（静岡）

㉓愛知県（名古屋）

㉔三重県（津）

㉕滋賀県（大津）

㉖京都府（京都）

㉗大阪府（大阪）

㉘兵庫県（神戸）

㉙奈良県（奈良）

㉚和歌山県（和歌山）

㉛鳥取県（鳥取）

㉜島根県（松江）

㉝岡山県（岡山）

㉞広島県（広島）

㉟山口県（山口）

㊱徳島県（徳島）

㊲香川県（高松）

㊳愛媛県（松山）

㊴高知県（高知）

㊵福岡県（福岡）

㊶佐賀県（佐賀）

㊷長崎県（長崎）

㊸熊本県（熊本）

㊹大分県（大分）

㊺宮崎県（宮崎）

㊻鹿児島県（鹿児島）

㊼沖縄県（那覇）

笹原 卓哉（ささはら たくや）

大学在学中の4年間、高校受験と大学受験の指導を中心に、塾講師の経験を積む。大学卒業後は大手進学塾に就職。中学受験と高校受験の指導を行い、都立中高一貫校や難関都立高校に多くの合格者を輩出する。

模擬試験や教材作成にも携わり、入試問題や教材を研究し、教科指導の研鑽を積む。現在は河合塾グループの難関都立高校進学教室「河合塾Wings」に所属。「理解の上に成り立つ知識」を重視した授業を展開。テキストだけでなくオリジナル教材を使用した、わかりやすい授業で生徒からの信頼を集めている。板書の見やすさ・わかりやすさには定評があり、入試傾向に合わせたオリジナル教材の作成にも精通している。難関都立高校に照準を絞った効率的な指導で、毎年多数の合格者を輩出。高い合格率を誇る。

著書に『定期テスト〜高校入試対策 中学社会の点数が面白いほどとれる 一問一答』（共著、KADOKAWA）がある。

かいていばん　ちゅうがくちり　おもしろ　ほん
改訂版　中学地理が面白いほどわかる本

2021年1月29日　初版発行
2024年11月5日　6版発行

ささはら　たくや
著者／笹原 卓哉

発行者／山下 直久

発行／株式会社KADOKAWA
〒102-8177　東京都千代田区富士見2-13-3
電話　0570-002-301（ナビダイヤル）

印刷所／株式会社加藤文明社

●お問い合わせ
https://www.kadokawa.co.jp/（「お問い合わせ」へお進みください）
※内容によっては、お答えできない場合があります。
※サポートは日本国内のみとさせていただきます。
※Japanese text only

定価はカバーに表示してあります。

©Takuya Sasahara 2021　Printed in Japan
ISBN 978-4-04-604777-9　C6037